EBRAICO

VOCABOLARIO

PER STUDIO AUTODIDATTICO

ITALIANO-
EBRAICO

Le parole più utili
Per ampliare il proprio lessico e affinare
le proprie abilità linguistiche

3000 parole

Vocabolario Italiano-Ebraico per studio autodidattico - 3000 parole

Di Andrey Taranov

I vocabolari T&P Books si propongono come strumento di aiuto per apprendere, memorizzare e revisionare l'uso di termini stranieri. Il dizionario si divide in vari argomenti che includono la maggior parte delle attività quotidiane, tra cui affari, scienza, cultura, ecc.

Il processo di apprendimento delle parole attraverso i dizionari divisi in liste tematiche della collana T&P Books offre i seguenti vantaggi:

- Le fonti d'informazione correttamente raggruppate garantiscono un buon risultato nella memorizzazione delle parole
- La possibilità di memorizzare gruppi di parole con la stessa radice (piuttosto che memorizzarle separatamente)
- Piccoli gruppi di parole facilitano il processo di apprendimento per associazione, utile al potenziamento lessicale
- Il livello di conoscenza della lingua può essere valutato attraverso il numero di parole apprese

T&P Books Publishing
www.tpbooks.com

ISBN: 978-1-78716-427-7

Questo libro è disponibile anche in formato e-book.
Visitate il sito www.tpbooks.com o le principali librerie online.

VOCABOLARIO EBRAICO
per studio autodidattico

I vocabolari T&P Books si propongono come strumento di aiuto per apprendere, memorizzare e revisionare l'uso di termini stranieri. Il vocabolario contiene oltre 3000 parole di uso comune ordinate per argomenti.

- Il vocabolario contiene le parole più comunemente usate
- È consigliato in aggiunta ad un corso di lingua
- Risponde alle esigenze degli studenti di lingue straniere sia essi principianti o di livello avanzato
- Pratico per un uso quotidiano, per gli esercizi di revisione e di autovalutazione
- Consente di valutare la conoscenza del proprio lessico

Caratteristiche specifiche del vocabolario:

- Le parole sono ordinate secondo il proprio significato e non alfabeticamente
- Le parole sono riportate in tre colonne diverse per facilitare il metodo di revisione e autovalutazione
- I gruppi di parole sono divisi in sottogruppi per facilitare il processo di apprendimento
- Il vocabolario offre una pratica e semplice trascrizione fonetica per ogni termine straniero

Il vocabolario contiene 101 argomenti tra cui:

Concetti di Base, Numeri, Colori, Mesi, Stagioni, Unità di Misura, Abbigliamento e Accessori, Cibo e Alimentazione, Ristorante, Membri della Famiglia, Parenti, Personalità, Sentimenti, Emozioni, Malattie, Città, Visita Turistica, Acquisti, Denaro, Casa, Ufficio, Lavoro d'Ufficio, Import-export, Marketing, Ricerca di un Lavoro, Sport, Istruzione, Computer, Internet, Utensili, Natura, Paesi, Nazionalità e altro ancora ...

INDICE

GUIDA ALLA PRONUNCIA

Nome della lettera	Lettera	Esempio ebraico	Alfabeto fonetico T&P	Esempio italiano
Alef	א	אריה	[ɑ], [ɑ:]	fare
	א	אחד	[ɛ], [ɛ:]	bestia
	א	מֶאָה	['] (hamza)	occlusiva glottidale sorda
Bet	ב	בית	[b]	bianco
Ghimel	ג	גמל	[g]	guerriero
Ghimel+geresh	ג'	ג'ונגל	[dʒ]	piangere
Dalet	ד	דג	[d]	doccia
Hej	ה	הר	[h]	[h] aspirate
Waw	ו	וסת	[v]	volare
Zajin	ז	זאב	[z]	rosa
Zajin+geresh	ז'	ז'ורנל	[ʒ]	beige
Chet	ח	חוט	[x]	[h] dolce
Tet	ט	טוב	[t]	tattica
Jod	י	יום	[j]	New York
Kaf	ך כ	בריש	[k]	cometa
Lamed	ל	לחם	[l]	saluto
Mem	ם מ	מלך	[m]	mostra
Nun	ן נ	גר	[n]	notte
Samech	ס	סוס	[s]	sapere
Ajin	ע	עין	[ɑ], [ɑ:]	fare
	ע	תשעים	['] (ayn)	fricativa faringale sonora
Pe	ף פ	פיל	[p]	pieno
Tzadi	ץ צ	צעצוע	[ts]	calzini
Tzadi+geresh	צ'ץ'	צ'ק	[ʧ]	cinque
Kof	ק	קוף	[k]	cometa
Reš	ר	רכבת	[r]	[R] vibrante
Sin	ש	שלחן, עָשׂרים	[s], [ʃ]	sapere, ruscello
Tav	ת	תפוז	[t]	tattica

ABBREVIAZIONI
usate nel vocabolario

Italiano. Abbreviazioni

agg	-	aggettivo
anim.	-	animato
avv	-	avverbio
cong	-	congiunzione
ecc.	-	eccetera
f	-	sostantivo femminile
f pl	-	femminile plurale
fem.	-	femminile
form.	-	formale
inanim.	-	inanimato
inform.	-	familiare
m	-	sostantivo maschile
m pl	-	maschile plurale
m, f	-	maschile, femminile
masc.	-	maschile
mil.	-	militare
pl	-	plurale
pron	-	pronome
qc	-	qualcosa
qn	-	qualcuno
sing.	-	singolare
v aus	-	verbo ausiliare
vi	-	verbo intransitivo
vi, vt	-	verbo intransitivo, transitivo
vr	-	verbo riflessivo
vt	-	verbo transitivo

Ebraico. Abbreviazioni

ז	-	maschile
ז"ר	-	maschile plurale
ז , נ	-	maschile, femminile
נ	-	femminile
נ"ר	-	femminile plurale

CONCETTI DI BASE

1. Pronomi

io	ani	אֲנִי (ז, נ)
tu (masc.)	ata	אַתָּה (ז)
tu (fem.)	at	אַת (נ)
lui	hu	הוּא (ז)
lei	hi	הִיא (נ)
noi	a'naxnu	אֲנַחְנוּ (ז, נ)
voi (masc.)	atem	אַתֶּם (ז"ר)
voi (fem.)	aten	אַתֶּן (נ"ר)
Lei	ata, at	אַתָּה (ז), אַת (נ)
Voi	atem, aten	אַתֶּם (ז"ר), אַתֶּן (נ"ר)
loro	hem, hen	הֵם (ז"ר), הֵן (נ"ר)
loro (masc.)	hem	הֵם (ז"ר)
loro (fem.)	hen	הֵן (נ"ר)

2. Saluti. Convenevoli

Salve!	ʃalom!	שָׁלוֹם!
Buongiorno!	ʃalom!	שָׁלוֹם!
Buongiorno! (la mattina)	'boker tov!	בּוֹקֶר טוֹב!
Buon pomeriggio!	tsaha'rayim tovim!	צָהֳרַיִים טוֹבִים!
Buonasera!	'erev tov!	עֶרֶב טוֹב!
salutare (vt)	lomar ʃalom	לוֹמַר שָׁלוֹם
Ciao! Salve!	hai!	הַיי!
saluto (m)	ahlan	אַהְלָן
Come sta? Come stai?	ma ʃlomxa?	מַה שְׁלוֹמְךָ? (ז)
Come sta?	ma ʃlomex?, ma ʃlomxa?	מַה שְׁלוֹמֵךְ? (נ), מַה שְׁלוֹמְךָ? (ז)
Come stai?	ma niʃma?	מַה נִשְׁמַע?
Che c'è di nuovo?	ma xadaʃ?	מַה חָדָשׁ?
Arrivederci!	lehitra'ot!	לְהִתְרָאוֹת!
Ciao!	bai!	בַּיי!
A presto!	lehitra'ot bekarov!	לְהִתְרָאוֹת בְּקָרוֹב!
Addio!	lehitra'ot!	לְהִתְרָאוֹת!
congedarsi (vr)	lomar lehitra'ot	לוֹמַר לְהִתְרָאוֹת
Ciao! (A presto!)	bai!	בַּיי!
Grazie!	toda!	תּוֹדָה!
Grazie mille!	toda raba!	תּוֹדָה רַבָּה!
Prego	bevakaʃa	בְּבַקָשָׁה
Non c'è di che!	al lo davar	עַל לֹא דָבָר
Di niente	ein be'ad ma	אֵין בְּעַד מָה

Scusa!	sliẋa!	סלִיחָה!
Scusi!	sliẋa!	סלִיחָה!
scusare (vt)	lis'loaẋ	לסלוֹחַ
scusarsi (vr)	lehitnatsel	לְהִתְנַצֵל
Chiedo scusa	ani mitnatsel, ani mitna'tselet	אֲנִי מִתְנַצֵל (ז), אֲנִי מִתְנַצֶלֶת (נ)
Mi perdoni!	ani mitsta'er, ani mitsta"eret	אֲנִי מִצְטַעֵר (ז), אֲנִי מִצְטַעֶרֶת (נ)
perdonare (vt)	lis'loaẋ	לסלוֹחַ
Non fa niente	lo nora	לא נוֹרָא
per favore	bevakaʃa	בְּבַקָשָׁה
Non dimentichi!	al tiʃkaẋ!	אַל תִשְׁכַּח! (ז)
Certamente!	'betaẋ!	בֶּטַח!
Certamente no!	'betaẋ ʃelo!	בֶּטַח שֶׁלא!
D'accordo!	okei!	אוֹקֵיי!
Basta!	maspik!	מַסְפִּיק!

3. Domande

Chi?	mi?	מִי?
Che cosa?	ma?	מָה?
Dove? (in che luogo?)	'eifo?	אֵיפֹה?
Dove? (~ vai?)	le'an?	לְאָן?
Di dove?, Da dove?	me"eifo?	מֵאֵיפֹה?
Quando?	matai?	מָתַי?
Perché? (per quale scopo?)	'lama?	לָמָה?
Perché? (per quale ragione?)	ma'du'a?	מַדוּעַ?
Per che cosa?	biʃvil ma?	בִּשְׁבִיל מָה?
Come?	eiẋ, keitsad?	כֵּיצַד? אֵיךְ?
Che? (~ colore è?)	'eize?	אֵיזֶה?
Quale?	'eize?	אֵיזֶה?
A chi?	lemi?	לְמִי?
Di chi?	al mi?	עַל מִי?
Di che cosa?	al ma?	עַל מָה?
Con chi?	im mi?	עִם מִי?
Quanti?, Quanto?	'kama?	כַּמָה?
Di chi?	ʃel mi?	שֶׁל מִי?

4. Preposizioni

con (tè ~ il latte)	im	עִם
senza	bli, lelo	בְּלִי, לְלא
a (andare ~ ...)	le...	לְ...
di (parlare ~ ...)	al	עַל
prima di ...	lifnei	לִפְנֵי
di fronte a ...	lifnei	לִפְנֵי
sotto (avv)	mi'taẋat le...	מִתַחַת לְ...
sopra (al di ~)	me'al	מֵעַל

su (sul tavolo, ecc.)	al	עַל
da, di (via da ..., fuori di ...)	mi, me	מ, מִ
di (fatto ~ cartone)	mi, me	מ, מִ

| fra (~ dieci minuti) | toχ | תּוֹךְ |
| attraverso (dall'altra parte) | 'dereχ | דֶּרֶךְ |

5. Parole grammaticali. Avverbi. Parte 1

Dove?	'eifo?	אֵיפֹה?
qui (in questo luogo)	po, kan	פֹּה, כָּאן
lì (in quel luogo)	ʃam	שָׁם

| da qualche parte (essere ~) | 'eifo ʃehu | אֵיפֹה שֶׁהוּא |
| da nessuna parte | beʃum makom | בְּשׁוּם מָקוֹם |

| vicino a ... | leyad ... | לְיַד ... |
| vicino alla finestra | leyad haχalon | לְיַד הַחַלוֹן |

Dove?	le'an?	לְאָן?
qui (vieni ~)	'hena, lekan	הֵנָה; לְכָאן
ci (~ vado stasera)	leʃam	לְשָׁם
da qui	mikan	מִכָּאן
da lì	miʃam	מִשָּׁם

| vicino, accanto (avv) | karov | קָרוֹב |
| lontano (avv) | raχok | רָחוֹק |

vicino (~ a Parigi)	leyad	לְיַד
vicino (qui ~)	karov	קָרוֹב
non lontano	lo raχok	לֹא רָחוֹק

sinistro (agg)	smali	שְׂמָאלִי
a sinistra (rimanere ~)	mismol	מִשְּׂמֹאל
a sinistra (girare ~)	'smola	שְׂמֹאלָה

destro (agg)	yemani	יְמָנִי
a destra (rimanere ~)	miyamin	מִיָּמִין
a destra (girare ~)	ya'mina	יָמִינָה

davanti	mika'dima	מִקְדִּימָה
anteriore (agg)	kidmi	קִדְמִי
avanti	ka'dima	קָדִימָה

dietro (avv)	me'aχor	מֵאָחוֹר
da dietro	me'aχor	מֵאָחוֹר
indietro	a'χora	אֲחוֹרָה

| mezzo (m), centro (m) | 'emtsa | אֶמְצַע (ז) |
| in mezzo, al centro | ba''emtsa | בָּאֶמְצַע |

di fianco	mehatsad	מֵהַצַּד
dappertutto	beχol makom	בְּכָל מָקוֹם
attorno	misaviv	מִסָּבִיב

da dentro	mibifnim	מִבִּפְנִים
da qualche parte (andare ~)	le'an ʃehu	לְאָן שֶׁהוּא
dritto (direttamente)	yaʃar	יָשָׁר
indietro	baχazara	בַּחֲזָרָה

da qualsiasi parte	me'ei ʃam	מֵאֵי שָׁם
da qualche posto (veniamo ~)	me'ei ʃam	מֵאֵי שָׁם

in primo luogo	reʃit	רֵאשִׁית
in secondo luogo	ʃenit	שֵׁנִית
in terzo luogo	ʃliʃit	שְׁלִישִׁית

all'improvviso	pit'om	פִּתְאוֹם
all'inizio	behatslaχa	בְּהַתְחָלָה
per la prima volta	lariʃona	לָרִאשׁוֹנָה
molto tempo prima di...	zman rav lifnei ...	זְמַן רַב לִפְנֵי ...
di nuovo	meχadaʃ	מֵחָדָשׁ
per sempre	letamid	לְתָמִיד

mai	af 'pa‘am, me'olam	מֵעוֹלָם, אַף פַּעַם
ancora	ʃuv	שׁוּב
adesso	axʃav, ka‘et	עַכְשָׁיו, כָּעֵת
spesso (avv)	le'itim krovot	לְעִיתִים קְרוֹבוֹת
allora	az	אָז
urgentemente	bidχifut	בִּדְחִיפוּת
di solito	be'dereχ klal	בְּדֶרֶךְ כְּלָל

a proposito, ...	'dereχ 'agav	דֶּרֶךְ אַגַּב
è possibile	efʃari	אֶפְשָׁרִי
probabilmente	kanir'e	כַּנִּרְאֶה
forse	ulai	אוּלַי
inoltre ...	χuts mize ...	חוּץ מִזֶּה ...
ecco perché ...	laχen	לָכֵן
nonostante (~ tutto)	lamrot ...	לַמְרוֹת ...
grazie a ...	hodot le...	הוֹדוֹת לְ...

che cosa (pron)	ma	מָה
che (cong)	ʃe	שֶׁ
qualcosa (qualsiasi cosa)	'maʃehu	מַשֶּׁהוּ
qualcosa (le serve ~?)	'maʃehu	מַשֶּׁהוּ
niente	klum	כְּלוּם

chi (pron)	mi	מִי
qualcuno (annuire a ~)	'miʃehu, 'miʃehi	מִישֶׁהוּ (ז), מִישֶׁהִי (נ)
qualcuno (dipendere da ~)	'miʃehu, 'miʃehi	מִישֶׁהוּ (ז), מִישֶׁהִי (נ)

nessuno	af eχad, af aχat	אַף אֶחָד (ז), אַף אַחַת (נ)
da nessuna parte	leʃum makom	לְשׁוּם מָקוֹם

di nessuno	lo ʃayaχ le'af eχad	לֹא שַׁיָּךְ לְאַף אֶחָד
di qualcuno	ʃel 'miʃehu	שֶׁל מִישֶׁהוּ

così (era ~ arrabbiato)	kol kaχ	כָּל־כָּךְ
anche (penso ~ a ...)	gam	גַּם
anche, pure	gam	גַּם

6. Parole grammaticali. Avverbi. Parte 2

Perché?	ma'du'a?	מַדּוּעַ?
per qualche ragione	miʃum ma	מִשּׁוּם־מָה
perché …	miʃum ʃe	מִשּׁוּם שֶׁ
per qualche motivo	lematara 'kolʃehi	לְמַטָּרָה כָּלְשֶׁהִי

e (cong)	ve …	וְ …
o (sì ~ no?)	o	אוֹ
ma (però)	aval, ulam	אֲבָל, אוּלָם
per (~ me)	biʃvil	בִּשְׁבִיל

troppo	yoter midai	יוֹתֵר מִדַּי
solo (avv)	rak	רַק
esattamente	bediyuk	בְּדִיּוּק
circa (~ 10 dollari)	be"ereχ	בְּעֵרֶךְ

approssimativamente	be"ereχ	בְּעֵרֶךְ
approssimativo (agg)	meʃo'ar	מְשׁוֹעָר
quasi	kim'at	כִּמְעַט
resto	ʃe'ar	שְׁאָר (ז)

l'altro (~ libro)	aχer	אַחֵר
altro (differente)	aχer	אַחֵר
ogni (agg)	kol	כֹּל
qualsiasi (agg)	kolʃehu	כָּלְשֶׁהוּ
molti, molto	harbe	הַרְבֵּה
molta gente	harbe	הַרְבֵּה
tutto, tutti	kulam	כּוּלָם

in cambio di …	tmurat …	תְּמוּרַת …
in cambio	bitmura	בִּתְמוּרָה
a mano (fatto ~)	bayad	בְּיָד
poco probabile	safek im	סָפֵק אִם

probabilmente	karov levadai	קָרוֹב לְוַודַּאי
apposta	'davka	דַּווְקָא
per caso	bemikre	בְּמִקְרֶה

molto (avv)	me'od	מְאוֹד
per esempio	lemaʃal	לְמָשָׁל
fra (~ due)	bein	בֵּין
fra (~ più di due)	be'kerev	בְּקֶרֶב
tanto (quantità)	kol kaχ harbe	כָּל־כָּךְ הַרְבֵּה
soprattutto	bimyuχad	בִּמְיוּחָד

NUMERI. VARIE

7. Numeri cardinali. Parte 1

zero (m)	'efes	אֶפֶס (ז)
uno	eχad	אֶחָד (ז)
una	aχat	אַחַת (נ)
due	'ʃtayim	שְׁתַּיִם (נ)
tre	ʃaloʃ	שָׁלוֹשׁ (נ)
quattro	arba	אַרְבַּע (נ)
cinque	χameʃ	חָמֵשׁ (נ)
sei	ʃeʃ	שֵׁשׁ (נ)
sette	'ʃeva	שֶׁבַע (נ)
otto	'ʃmone	שְׁמוֹנֶה (נ)
nove	'teʃa	תֵּשַׁע (נ)
dieci	'eser	עֶשֶׂר (נ)
undici	aχat esre	אַחַת-עֶשְׂרֵה (נ)
dodici	ʃteim esre	שְׁתֵּים-עֶשְׂרֵה (נ)
tredici	ʃloʃ esre	שְׁלוֹשׁ-עֶשְׂרֵה (נ)
quattordici	arba esre	אַרְבַּע-עֶשְׂרֵה (נ)
quindici	χameʃ esre	חָמֵשׁ-עֶשְׂרֵה (נ)
sedici	ʃeʃ esre	שֵׁשׁ-עֶשְׂרֵה (נ)
diciassette	ʃva esre	שְׁבַע-עֶשְׂרֵה (נ)
diciotto	ʃmone esre	שְׁמוֹנֶה-עֶשְׂרֵה (נ)
diciannove	tʃa esre	תְּשַׁע-עֶשְׂרֵה (נ)
venti	esrim	עֶשְׂרִים
ventuno	esrim ve'eχad	עֶשְׂרִים וְאֶחָד
ventidue	esrim u'ʃnayim	עֶשְׂרִים וּשְׁנַיִם
ventitre	esrim uʃloʃa	עֶשְׂרִים וּשְׁלוֹשָׁה
trenta	ʃloʃim	שְׁלוֹשִׁים
trentuno	ʃloʃim ve'eχad	שְׁלוֹשִׁים וְאֶחָד
trentadue	ʃloʃim u'ʃnayim	שְׁלוֹשִׁים וּשְׁנַיִם
trentatre	ʃloʃim uʃloʃa	שְׁלוֹשִׁים וּשְׁלוֹשָׁה
quaranta	arba'im	אַרְבָּעִים
quarantuno	arba'im ve'eχad	אַרְבָּעִים וְאֶחָד
quarantadue	arba'im u'ʃnayim	אַרְבָּעִים וּשְׁנַיִם
quarantatre	arba'im uʃloʃa	אַרְבָּעִים וּשְׁלוֹשָׁה
cinquanta	χamiʃim	חֲמִישִׁים
cinquantuno	χamiʃim ve'eχad	חֲמִישִׁים וְאֶחָד
cinquantadue	χamiʃim u'ʃnayim	חֲמִישִׁים וּשְׁנַיִם
cinquantatre	χamiʃim uʃloʃa	חֲמִישִׁים וּשְׁלוֹשָׁה
sessanta	ʃiʃim	שִׁישִׁים
sessantuno	ʃiʃim ve'eχad	שִׁישִׁים וְאֶחָד

sessantadue	ʃiʃim u'ʃnayim	שִׁשִׁים וּשְׁנַיִּים
sessantatre	ʃiʃim uʃloʃa	שִׁשִּׁים וּשְׁלוֹשָׁה
settanta	ʃiv'im	שִׁבְעִים
settantuno	ʃiv'im ve'eχad	שִׁבְעִים וְאֶחָד
settantadue	ʃiv'im u'ʃnayim	שִׁבְעִים וּשְׁנַיִּים
settantatre	ʃiv'im uʃloʃa	שִׁבְעִים וּשְׁלוֹשָׁה
ottanta	ʃmonim	שְׁמוֹנִים
ottantuno	ʃmonim ve'eχad	שְׁמוֹנִים וְאֶחָד
ottantadue	ʃmonim u'ʃnayim	שְׁמוֹנִים וּשְׁנַיִּים
ottantatre	ʃmonim uʃloʃa	שְׁמוֹנִים וּשְׁלוֹשָׁה
novanta	tiʃim	תִּשְׁעִים
novantuno	tiʃim ve'eχad	תִּשְׁעִים וְאֶחָד
novantadue	tiʃim u'ʃayim	תִּשְׁעִים וּשְׁנַיִּים
novantatre	tiʃim uʃloʃa	תִּשְׁעִים וּשְׁלוֹשָׁה

8. Numeri cardinali. Parte 2

cento	'me'a	מֵאָה (נ)
duecento	ma'tayim	מָאתַיִים
trecento	ʃloʃ me'ot	שְׁלוֹשׁ מֵאוֹת (נ)
quattrocento	arba me'ot	אַרְבַּע מֵאוֹת (נ)
cinquecento	χameʃ me'ot	חֲמֵשׁ מֵאוֹת (נ)
seicento	ʃeʃ me'ot	שֵׁשׁ מֵאוֹת (נ)
settecento	ʃva me'ot	שְׁבַע מֵאוֹת (נ)
ottocento	ʃmone me'ot	שְׁמוֹנֶה מֵאוֹת (נ)
novecento	tʃa me'ot	תְּשַׁע מֵאוֹת (נ)
mille	'elef	אֶלֶף (ז)
duemila	al'payim	אַלְפַּיִים (ז)
tremila	'ʃloʃet alafim	שְׁלוֹשֶׁת אֲלָפִים (ז)
diecimila	a'seret alafim	עֲשֶׂרֶת אֲלָפִים (ז)
centomila	'me'a 'elef	מֵאָה אֶלֶף (ז)
milione (m)	milyon	מִילְיוֹן (ז)
miliardo (m)	milyard	מִילְיַארְד (ז)

9. Numeri ordinali

primo	riʃon	רִאשׁוֹן
secondo	ʃeni	שֵׁנִי
terzo	ʃliʃi	שְׁלִישִׁי
quarto	revi'i	רְבִיעִי
quinto	χamiʃi	חֲמִישִׁי
sesto	ʃiʃi	שִׁישִּׁי
settimo	ʃvi'i	שְׁבִיעִי
ottavo	ʃmini	שְׁמִינִי
nono	tʃi'i	תְּשִׁיעִי
decimo	asiri	עֲשִׂירִי

COLORI. UNITÀ DI MISURA

10. Colori

colore (m)	'tseva	צֶבַע (ז)
sfumatura (f)	gavan	גָּוֶן (ז)
tono (m)	gavan	גָּוֶן (ז)
arcobaleno (m)	'keʃet	קֶשֶׁת (נ)
bianco (agg)	lavan	לָבָן
nero (agg)	ʃaχor	שָׁחוֹר
grigio (agg)	afor	אָפוֹר
verde (agg)	yarok	יָרוֹק
giallo (agg)	tsahov	צָהוֹב
rosso (agg)	adom	אָדוֹם
blu (agg)	kaχol	כָּחוֹל
azzurro (agg)	taχol	תְּכוֹל
rosa (agg)	varod	וָרֹד
arancione (agg)	katom	כָּתוֹם
violetto (agg)	segol	סָגֹל
marrone (agg)	χum	חוּם
d'oro (agg)	zahov	זָהוֹב
argenteo (agg)	kasuf	כָּסוּף
beige (agg)	beʒ	בֶּז'
color crema (agg)	be'tseva krem	בְּצֶבַע קְרֶם
turchese (agg)	turkiz	טוּרְקִיז
rosso ciliegia (agg)	bordo	בּוֹרְדוֹ
lilla (agg)	segol	סָגֹל
rosso lampone (agg)	patol	פָּטֹל
chiaro (agg)	bahir	בָּהִיר
scuro (agg)	kehe	כֵּהֶה
vivo, vivido (agg)	bohek	בּוֹהֵק
colorato (agg)	tsiv'oni	צִבְעוֹנִי
a colori	tsiv'oni	צִבְעוֹנִי
bianco e nero (agg)	ʃaχor lavan	שָׁחוֹר-לָבָן
in tinta unita	χad tsiv'i	חַד-צִבְעִי
multicolore (agg)	sasgoni	סַסְגּוֹנִי

11. Unità di misura

peso (m)	miʃkal	מִשְׁקָל (ז)
lunghezza (f)	'oreχ	אוֹרֶךְ (ז)

17

larghezza (f)	'roχav	רוֹחַב (ז)
altezza (f)	'gova	גּוֹבַה (ז)
profondità (f)	'omek	עוֹמֶק (ז)
volume (m)	'nefaχ	נֶפַח (ז)
area (f)	ʃetaχ	שֶׁטַח (ז)

grammo (m)	gram	גְרָם (ז)
milligrammo (m)	miligram	מִילִיגְרָם (ז)
chilogrammo (m)	kilogram	קִילוֹגְרָם (ז)
tonnellata (f)	ton	טוֹן (ז)
libbra (f)	'pa'und	פָאוּנד (ז)
oncia (f)	'unkiya	אוֹנקִיָה (נ)

metro (m)	'meter	מֶטֶר (ז)
millimetro (m)	mili'meter	מִילִימֶטֶר (ז)
centimetro (m)	senti'meter	סֶנטִימֶטֶר (ז)
chilometro (m)	kilo'meter	קִילוֹמֶטֶר (ז)
miglio (m)	mail	מַייל (ז)

pollice (m)	intʃ	אִינצ' (ז)
piede (f)	'regel	רֶגֶל (נ)
iarda (f)	yard	יַרד (ז)

metro (m) quadro	'meter ra'vu'a	מֶטֶר רָבוּעַ (ז)
ettaro (m)	hektar	הֶקטָר (ז)

litro (m)	litr	לִיטר (ז)
grado (m)	ma'ala	מַעֲלָה (נ)
volt (m)	volt	וֹולט (ז)
ampere (m)	amper	אַמפֶר (ז)
cavallo vapore (m)	'koaχ sus	כּוֹחַ סוּס (ז)

quantità (f)	kamut	כַּמוּת (נ)
un po' di ...	ktsat ...	קְצָת ...
metà (f)	'χetsi	חֵצִי (ז)
dozzina (f)	tresar	תרֵיסָר (ז)
pezzo (m)	yeχida	יְחִידָה (נ)

dimensione (f)	'godel	גוֹדֶל (ז)
scala (f) (modello in ~)	kne mida	קְנֵה מִידָה (ז)

minimo (agg)	mini'mali	מִינִימָאלִי
minore (agg)	hakatan beyoter	הַקָטָן בְּיוֹתֵר
medio (agg)	memutsa	מְמוּצָע
massimo (agg)	maksi'mali	מַקסִימָלִי
maggiore (agg)	hagadol beyoter	הַגָדוֹל בְּיוֹתֵר

12. Contenitori

barattolo (m) di vetro	tsin'tsenet	צִנצֶנֶת (נ)
latta, lattina (f)	paχit	פַחִית (נ)
secchio (m)	dli	דלִי (ז)
barile (m), botte (f)	χavit	חָבִית (נ)
catino (m)	gigit	גִיגִית (נ)

serbatoio (m) (per liquidi)	meiχal	מֵיכָל (ז)
fiaschetta (f)	meimiya	מֵימִיָּה (נ)
tanica (f)	'dʒerikan	גֶ'רִיקָן (ז)
cisterna (f)	meχalit	מֵיכָלִית (נ)

tazza (f)	'sefel	סֵפֶל (ז)
tazzina (f) (~ di caffè)	'sefel	סֵפֶל (ז)
piattino (m)	taχtit	תַחְתִית (נ)
bicchiere (m) (senza stelo)	kos	כּוֹס (נ)
calice (m)	ga'vi'a	גָבִיעַ (ז)
casseruola (f)	sir	סִיר (ז)

bottiglia (f)	bakbuk	בַּקְבּוּק (ז)
collo (m) (~ della bottiglia)	tsavar habakbuk	צַוַּאר הַבַּקְבּוּק (ז)

caraffa (f)	kad	כַּד (ז)
brocca (f)	kankan	קַנְקָן (ז)
recipiente (m)	kli	כְּלִי (ז)
vaso (m) di coccio	sir 'χeres	סִיר חֶרֶס (ז)
vaso (m) di fiori	agartal	אֲגַרְטָל (ז)

boccetta (f) (~ di profumo)	tsloχit	צְלוֹחִית (נ)
fiala (f)	bakbukon	בַּקְבּוּקוֹן (ז)
tubetto (m)	ffo'feret	שְׁפוֹפֶרֶת (נ)

sacco (m) (~ di patate)	sak	שַׂק (ז)
sacchetto (m) (~ di plastica)	sakit	שַׂקִית (נ)
pacchetto (m) (~ di sigarette, ecc.)	χafisa	חֲפִיסָה (נ)

scatola (f) (~ per scarpe)	kufsa	קוּפְסָה (נ)
cassa (f) (~ di vino, ecc.)	argaz	אַרְגָּז (ז)
cesta (f)	sal	סַל (ז)

I VERBI PIÙ IMPORTANTI

13. I verbi più importanti. Parte 1

accorgersi (vr)	lasim lev	לָשִׂים לֵב
afferrare (vt)	litfos	לִתְפּוֹס
affittare (dare in affitto)	liskor	לִשְׂכּוֹר
aiutare (vt)	la'azor	לַעֲזוֹר
amare (qn)	le'ehov	לֶאֱהֹב

andare (camminare)	la'leχet	לָלֶכֶת
annotare (vt)	lirʃom	לִרְשֹׁם
appartenere (vi)	lehiʃtayeχ	לְהִשְׁתַּיֵּךְ
aprire (vt)	lif'toaχ	לִפְתּוֹחַ
arrivare (vi)	leha'gi'a	לְהַגִּיעַ
aspettare (vt)	lehamtin	לְהַמְתִּין

avere (vt)	lehaχzik	לְהַחְזִיק
avere fame	lihyot ra'ev	לִהְיוֹת רָעֵב
avere fretta	lemaher	לְמַהֵר

avere paura	lefaχed	לְפַחֵד
avere sete	lihyot tsame	לִהְיוֹת צָמֵא
avvertire (vt)	lehazhir	לְהַזְהִיר
cacciare (vt)	latsud	לָצוּד
cadere (vi)	lipol	לִיפֹּל
cambiare (vt)	leʃanot	לְשַׁנּוֹת
capire (vt)	lehavin	לְהָבִין
cenare (vi)	le'eχol aruχat 'erev	לֶאֱכֹל אֲרוּחַת עֶרֶב
cercare (vt)	leχapes	לְחַפֵּשׂ
cessare (vt)	lehafsik	לְהַפְסִיק
chiedere (~ aiuto)	likro	לִקְרֹא

chiedere (domandare)	liʃ'ol	לִשְׁאֹל
cominciare (vt)	lehatχil	לְהַתְחִיל
comparare (vt)	lehaʃvot	לְהַשְׁווֹת
confondere (vt)	lehitbalbel	לְהִתְבַּלְבֵּל
conoscere (qn)	lehakir et	לְהַכִּיר אֶת

conservare (vt)	liʃmor	לִשְׁמֹר
consigliare (vt)	leya'ets	לְייַעֵץ
contare (calcolare)	lispor	לִסְפּוֹר
contare su ...	lismoχ al	לִסְמֹךְ עַל
continuare (vt)	lehamʃiχ	לְהַמְשִׁיךְ

controllare (vt)	liʃlot	לִשְׁלוֹט
correre (vi)	laruts	לָרוּץ
costare (vt)	la'alot	לַעֲלוֹת
creare (vt)	litsor	לִיצוֹר
cucinare (vi)	levaʃel	לְבַשֵּׁל

14. I verbi più importanti. Parte 2

dare (vt)	latet	לָתֵת
dare un suggerimento	lirmoz	לִרְמוֹז
decorare (adornare)	lekaʃet	לְקַשֵּׁט
difendere (~ un paese)	lehagen	לְהָגֵן
dimenticare (vt)	liʃ'koax	לִשְׁכּוֹחַ

dire (~ la verità)	lomar	לוֹמַר
dirigere (compagnia, ecc.)	lenahel	לְנַהֵל
discutere (vt)	ladun	לָדוּן
domandare (vt)	levakeʃ	לְבַקֵּשׁ
dubitare (vi)	lefakpek	לְפַקְפֵּק

entrare (vi)	lehikanes	לְהִיכָּנֵס
esigere (vt)	lidroʃ	לִדְרוֹשׁ
esistere (vi)	lehitkayem	לְהִתְקַיֵּים

essere (vi)	lihyot	לִהְיוֹת
essere d'accordo	lehaskim	לְהַסְכִּים
fare (vt)	la'asot	לַעֲשׂוֹת
fare colazione	le'exol aruxat 'boker	לֶאֱכוֹל אֲרוּחַת בּוֹקֶר

fare il bagno	lehitraxets	לְהִתְרַחֵץ
fermarsi (vr)	la'atsor	לַעֲצוֹר
fidarsi (vr)	liv'toax	לִבְטוֹחַ
finire (vt)	lesayem	לְסַיֵּים
firmare (~ un documento)	laxtom	לַחְתּוֹם

giocare (vi)	lesaxek	לְשַׂחֵק
girare (~ a destra)	lifnot	לִפְנוֹת
gridare (vi)	lits'ok	לִצְעוֹק
indovinare (vt)	lenaxeʃ	לְנַחֵשׁ
informare (vt)	leho'dia	לְהוֹדִיעַ

ingannare (vt)	leramot	לְרַמּוֹת
insistere (vi)	lehit'akeʃ	לְהִתְעַקֵּשׁ
insultare (vt)	leha'aliv	לְהַעֲלִיב
interessarsi di …	lehit'anyen be…	...לְהִתְעַנְיֵין בְּ
invitare (vt)	lehazmin	לְהַזְמִין

lamentarsi (vr)	lehitlonen	לְהִתְלוֹנֵן
lasciar cadere	lehapil	לְהַפִּיל
lavorare (vi)	la'avod	לַעֲבוֹד
leggere (vi, vt)	likro	לִקְרוֹא
liberare (vt)	leʃaxrer	לְשַׁחְרֵר

15. I verbi più importanti. Parte 3

mancare le lezioni	lehaxsir	לְהַחְסִיר
mandare (vt)	liʃ'loax	לִשְׁלוֹחַ
menzionare (vt)	lehazkir	לְהַזְכִּיר
minacciare (vt)	le'ayem	לְאַיֵּים

mostrare (vt)	lehar'ot	לְהַרְאוֹת
nascondere (vt)	lehastir	לְהַסְתִּיר
nuotare (vi)	lisχot	לִשְׂחוֹת
obiettare (vt)	lehitnaged	לְהִתְנַגֵּד
occorrere (vimp)	lehidareʃ	לְהִידָרֵשׁ
ordinare (~ il pranzo)	lehazmin	לְהַזְמִין

ordinare (mil.)	lifkod	לִפְקוֹד
osservare (vt)	litspot, lehaʃkif	לִצְפּוֹת, לְהַשְׁקִיף
pagare (vi, vt)	leʃalem	לְשַׁלֵּם
parlare (vi, vt)	ledaber	לְדַבֵּר
partecipare (vi)	lehiʃtatef	לְהִשְׁתַּתֵּף

pensare (vi, vt)	laχʃov	לַחְשׁוֹב
perdonare (vt)	lis'loaχ	לִסְלוֹחַ
permettere (vt)	leharʃot	לְהַרְשׁוֹת
piacere (vi)	limtso χen be'ei'nayim	לִמְצוֹא חֵן בְּעֵינַיִים
piangere (vi)	livkot	לִבְכּוֹת

pianificare (vt)	letaχnen	לְתַכְנֵן
possedere (vt)	lihyot 'ba'al ʃel	לִהְיוֹת בַּעַל שֶׁל
potere (v aus)	yaχol	יָכוֹל
pranzare (vi)	le'eχol aruχat tsaha'rayim	לֶאֱכוֹל אֲרוּחַת צָהֳרַיִים
preferire (vt)	leha'adif	לְהַעֲדִיף

pregare (vi, vt)	lehitpalel	לְהִתְפַּלֵּל
prendere (vt)	la'kaχat	לָקַחַת
prevedere (vt)	laχazot	לַחֲזוֹת
promettere (vt)	lehav'tiaχ	לְהַבְטִיחַ
pronunciare (vt)	levate	לְבַטֵּא

proporre (vt)	leha'tsi'a	לְהַצִּיעַ
punire (vt)	leha'aniʃ	לְהַעֲנִישׁ
raccomandare (vt)	lehamlits	לְהַמְלִיץ
ridere (vi)	litsχok	לִצְחוֹק
rifiutarsi (vr)	lesarev	לְסָרֵב

rincrescere (vi)	lehitsta'er	לְהִצְטַעֵר
ripetere (ridire)	laχazor al	לַחֲזוֹר עַל
riservare (vt)	lehazmin meroʃ	לְהַזְמִין מֵרֹאשׁ
rispondere (vi, vt)	la'anot	לַעֲנוֹת
rompere (spaccare)	liʃbor	לִשְׁבּוֹר
rubare (~ i soldi)	lignov	לִגְנוֹב

16. I verbi più importanti. Parte 4

salvare (~ la vita a qn)	lehatsil	לְהַצִּיל
sapere (vt)	la'da'at	לָדַעַת
sbagliare (vi)	lit'ot	לִטְעוֹת
scavare (vt)	laχpor	לַחְפּוֹר
scegliere (vt)	livχor	לִבְחוֹר

| scendere (vi) | la'redet | לָרֶדֶת |
| scherzare (vi) | lehitba'deaχ | לְהִתְבַּדֵּחַ |

scrivere (vt)	liχtov	לִכְתֹּב
scusare (vt)	lis'loaχ	לִסְלֹחַ
scusarsi (vr)	lehitnatsel	לְהִתְנַצֵּל

sedersi (vr)	lehityaʃev	לְהִתְיַשֵּׁב
seguire (vt)	la'akov aχarei	לַעֲקֹב אַחֲרֵי
sgridare (vt)	linzof	לִנְזֹף
significare (vt)	lomar	לוֹמַר
sorridere (vi)	leχayeχ	לְחַיֵּךְ

sottovalutare (vt)	leham'it be''ereχ	לְהַמְעִיט בְּעֵרֶךְ
sparare (vi)	lirot	לִירוֹת
sperare (vi, vt)	lekavot	לְקַוּוֹת
spiegare (vt)	lehasbir	לְהַסְבִּיר
studiare (vt)	lilmod	לִלְמֹד

stupirsi (vr)	lehitpale	לְהִתְפַּלֵּא
tacere (vi)	liʃtok	לִשְׁתֹּק
tentare (vt)	lenasot	לְנַסּוֹת
toccare (~ con le mani)	la'ga'at	לָגַעַת
tradurre (vt)	letargem	לְתַרְגֵּם

trovare (vt)	limtso	לִמְצֹא
uccidere (vt)	laharog	לַהֲרֹג
udire (percepire suoni)	liʃmo'a	לִשְׁמֹעַ
unire (vt)	le'aχed	לְאַחֵד
uscire (vi)	latset	לָצֵאת

vantarsi (vr)	lehitravrev	לְהִתְרַבְרֵב
vedere (vt)	lir'ot	לִרְאוֹת
vendere (vt)	limkor	לִמְכֹּר
volare (vi)	la'uf	לָעוּף
volere (desiderare)	lirtsot	לִרְצוֹת

ORARIO. CALENDARIO

17. Giorni della settimana

lunedì (m)	yom ʃeni	יוֹם שֵׁנִי (ז)
martedì (m)	yom ʃliʃi	יוֹם שְׁלִישִׁי (ז)
mercoledì (m)	yom reviʻi	יוֹם רְבִיעִי (ז)
giovedì (m)	yom χamiʃi	יוֹם חֲמִישִׁי (ז)
venerdì (m)	yom ʃiʃi	יוֹם שִׁישִׁי (ז)
sabato (m)	ʃabat	שַׁבָּת (נ)
domenica (f)	yom riʃon	יוֹם רִאשׁוֹן (ז)
oggi (avv)	hayom	הַיּוֹם
domani	maχar	מָחָר
dopodomani	maχara'tayim	מָחֳרָתַיים
ieri (avv)	etmol	אֶתמוֹל
l'altro ieri	ʃilʃom	שְׁלשׁוֹם
giorno (m)	yom	יוֹם (ז)
giorno (m) lavorativo	yom avoda	יוֹם עֲבוֹדָה (ז)
giorno (m) festivo	yom χag	יוֹם חַג (ז)
giorno (m) di riposo	yom menuχa	יוֹם מְנוּחָה (ז)
fine (m) settimana	sof ʃa'vuʻa	סוֹף שָׁבוּעַ
tutto il giorno	kol hayom	כָּל הַיּוֹם
l'indomani	lamaχarat	לַמָּחֳרָת
due giorni fa	lifnei yo'mayim	לִפנֵי יוֹמָיים
il giorno prima	'erev	עֶרֶב
quotidiano (agg)	yomyomi	יוֹמיוֹמִי
ogni giorno	midei yom	מְדֵי יוֹם
settimana (f)	ʃa'vua	שָׁבוּעַ (ז)
la settimana scorsa	baʃa'vuʻa ʃe'avar	בַּשָׁבוּעַ שֶׁעָבָר
la settimana prossima	baʃa'vuʻa haba	בַּשָׁבוּעַ הַבָּא
settimanale (agg)	ʃvuʻi	שְׁבוּעִי
ogni settimana	kol ʃa'vuʻa	כָּל שָׁבוּעַ
due volte alla settimana	paʻa'mayim beʃa'vuʻa	פַּעֲמַיים בְּשָׁבוּעַ
ogni martedì	kol yom ʃliʃi	כָּל יוֹם שְׁלִישִׁי

18. Ore. Giorno e notte

mattina (f)	'boker	בּוֹקֶר (ז)
di mattina	ba'boker	בַּבּוֹקֶר
mezzogiorno (m)	tsaha'rayim	צׇהֳרַיים (ז"ר)
nel pomeriggio	aχar hatsaha'rayim	אַחַר הַצׇהֳרַיים
sera (f)	'erev	עֶרֶב (ז)
di sera	ba''erev	בָּעֶרֶב

notte (f)	'laila	לַיְלָה (ז)
di notte	ba'laila	בַּלַּיְלָה
mezzanotte (f)	χatsot	חֲצוֹת (נ)

secondo (m)	ʃniya	שְׁנִיָה (נ)
minuto (m)	daka	דַּקָּה (נ)
ora (f)	ʃa'a	שָׁעָה (נ)
mezzora (f)	χatsi ʃa'a	חֲצִי שָׁעָה (נ)
un quarto d'ora	'reva ʃa'a	רֶבַע שָׁעָה (ז)
quindici minuti	χameʃ esre dakot	חָמֵשׁ עֶשְׂרֵה דַּקוֹת
ventiquattro ore	yemama	יְמָמָה (נ)

levata (f) del sole	zriχa	זְרִיחָה (נ)
alba (f)	'ʃaχar	שַׁחַר (ז)
mattutino (m)	'ʃaχar	שַׁחַר (ז)
tramonto (m)	ʃki'a	שְׁקִיעָה (נ)

di buon mattino	mukdam ba'boker	מוּקְדָּם בַּבּוֹקֶר
stamattina	ha'boker	הַבּוֹקֶר
domattina	maχar ba'boker	מָחָר בַּבּוֹקֶר

oggi pomeriggio	hayom aχarei hatzaha'rayim	הַיוֹם אַחֲרֵי הַצָּהֳרַיִם
nel pomeriggio	aχar hatsaha'rayim	אַחַר הַצָּהֳרַיִם
domani pomeriggio	maχar aχarei hatsaha'rayim	מָחָר אַחֲרֵי הַצָּהֳרַיִם

| stasera | ha''erev | הָעֶרֶב |
| domani sera | maχar ba''erev | מָחָר בָּעֶרֶב |

alle tre precise	baʃa'a ʃaloʃ bediyuk	בְּשָׁעָה שָׁלוֹשׁ בְּדִיוּק
verso le quattro	bisvivot arba	בִּסְבִיבוֹת אַרְבַּע
per le dodici	ad ʃteim esre	עַד שְׁתֵּים־עֶשְׂרֵה

fra venti minuti	be'od esrim dakot	בְּעוֹד עֶשְׂרִים דַּקוֹת
fra un'ora	be'od ʃa'a	בְּעוֹד שָׁעָה
puntualmente	bazman	בַּזְמַן

un quarto di …	'reva le…	רֶבַע לְ…
entro un'ora	toχ ʃa'a	תוֹךְ שָׁעָה
ogni quindici minuti	kol 'reva ʃa'a	כָּל רֶבַע שָׁעָה
giorno e notte	misaviv laʃa'on	מִסָּבִיב לַשָּׁעוֹן

19. Mesi. Stagioni

gennaio (m)	'yanu'ar	יָנוּאָר (ז)
febbraio (m)	'febru'ar	פֶבְּרוּאָר (ז)
marzo (m)	merts	מֶרְץ (ז)
aprile (m)	april	אַפְרִיל (ז)
maggio (m)	mai	מַאי (ז)
giugno (m)	'yuni	יוּנִי (ז)

luglio (m)	'yuli	יוּלִי (ז)
agosto (m)	'ogust	אוֹגוּסְט (ז)
settembre (m)	sep'tember	סֶפְּטֶמְבֶּר (ז)
ottobre (m)	ok'tober	אוֹקְטוֹבֶּר (ז)

novembre (m)	no'vember	נוֹבֶמְבֶּר (ז)
dicembre (m)	de'tsember	דֶּצֶמְבֶּר (ז)
primavera (f)	aviv	אָבִיב (ז)
in primavera	ba'aviv	בָּאָבִיב
primaverile (agg)	avivi	אֲבִיבִי
estate (f)	'kayits	קַיִץ (ז)
in estate	ba'kayits	בַּקַיִץ
estivo (agg)	ketsi	קֵיצִי
autunno (m)	stav	סְתָיו (ז)
in autunno	bestav	בִּסְתָיו
autunnale (agg)	stavi	סְתָווִי
inverno (m)	'χoref	חוֹרֶף (ז)
in inverno	ba'χoref	בַּחוֹרֶף
invernale (agg)	χorpi	חוֹרְפִּי
mese (m)	'χodeʃ	חוֹדֶשׁ (ז)
questo mese	ha'χodeʃ	הַחוֹדֶשׁ
il mese prossimo	ba'χodeʃ haba	בַּחוֹדֶשׁ הַבָּא
il mese scorso	ba'χodeʃ ʃe'avar	בַּחוֹדֶשׁ שֶׁעָבַר
un mese fa	lifnei 'χodeʃ	לִפְנֵי חוֹדֶשׁ
fra un mese	be'od 'χodeʃ	בְּעוֹד חוֹדֶשׁ
fra due mesi	be'od χod'ʃayim	בְּעוֹד חוֹדְשַׁיִים
un mese intero	kol ha'χodeʃ	כָּל הַחוֹדֶשׁ
per tutto il mese	kol ha'χodeʃ	כָּל הַחוֹדֶשׁ
mensile (rivista ~)	χodʃi	חוֹדְשִׁי
mensilmente	χodʃit	חוֹדְשִׁית
ogni mese	kol 'χodeʃ	כָּל חוֹדֶשׁ
due volte al mese	pa'a'mayim be'χodeʃ	פַּעֲמַיִים בְּחוֹדֶשׁ
anno (m)	ʃana	שָׁנָה (נ)
quest'anno	haʃana	הַשָׁנָה
l'anno prossimo	baʃana haba'a	בַּשָׁנָה הַבָּאָה
l'anno scorso	baʃana ʃe'avra	בַּשָׁנָה שֶׁעָבְרָה
un anno fa	lifnei ʃana	לִפְנֵי שָׁנָה
fra un anno	be'od ʃana	בְּעוֹד שָׁנָה
fra due anni	be'od ʃna'tayim	בְּעוֹד שְׁנָתַיִים
un anno intero	kol haʃana	כָּל הַשָׁנָה
per tutto l'anno	kol haʃana	כָּל הַשָׁנָה
ogni anno	kol ʃana	כָּל שָׁנָה
annuale (agg)	ʃnati	שְׁנָתִי
annualmente	midei ʃana	מְדֵי שָׁנָה
quattro volte all'anno	arba pa'amim be'χodeʃ	אַרְבַּע פְּעָמִים בְּחוֹדֶשׁ
data (f) (~ di oggi)	ta'ariχ	תַאֲרִיךְ (ז)
data (f) (~ di nascita)	ta'ariχ	תַאֲרִיךְ (ז)
calendario (m)	'luaχ ʃana	לוּחַ שָׁנָה (ז)
mezz'anno (m)	χatsi ʃana	חֲצִי שָׁנָה (ז)
semestre (m)	ʃiʃa χodaʃim, χaχtsi ʃana	חֲצִי שָׁנָה, שִׁישָׁה חוֹדְשִׁים

| stagione (f) (estate, ecc.) | ona | עוֹנָה (נ) |
| secolo (m) | 'me'a | מֵאָה (נ) |

VIAGGIO. HOTEL

20. Escursione. Viaggio

turismo (m)	tayarut	תַּיָּירוּת (נ)
turista (m)	tayar	תַּיָּיר (ז)
viaggio (m) (all'estero)	tiyul	טִיוּל (ז)
avventura (f)	harpatka	הַרְפַּתְקָה (נ)
viaggio (m) (corto)	nesi'a	נְסִיעָה (נ)

vacanza (f)	χuʃa	חוּפְשָׁה (נ)
essere in vacanza	lihyot beχuʃa	לִהְיוֹת בְּחוּפְשָׁה
riposo (m)	menuχa	מְנוּחָה (נ)

treno (m)	ra'kevet	רַכֶּבֶת (נ)
in treno	bera'kevet	בְּרַכֶּבֶת
aereo (m)	matos	מָטוֹס (ז)
in aereo	bematos	בְּמָטוֹס
in macchina	bemeχonit	בִּמְכוֹנִית
in nave	be'oniya	בָּאוֹנִיָּיה

bagaglio (m)	mit'an	מִטְעָן (ז)
valigia (f)	mizvada	מִזְוָודָה (נ)
carrello (m)	eglat mit'an	עֶגְלַת מִטְעָן (נ)

passaporto (m)	darkon	דַרְכּוֹן (ז)
visto (m)	'viza, aʃra	וִיזָה, אַשְׁרָה (נ)
biglietto (m)	kartis	כַּרְטִיס (ז)
biglietto (m) aereo	kartis tisa	כַּרְטִיס טִיסָה (ז)

guida (f)	madriχ	מַדְרִיךְ (ז)
carta (f) geografica	mapa	מַפָּה (נ)
località (f)	ezor	אֵזוֹר (ז)
luogo (m)	makom	מָקוֹם (ז)

ogetti (m pl) esotici	ek'zotika	אֶקְזוֹטִיקָה (נ)
esotico (agg)	ek'zoti	אֶקְזוֹטִי
sorprendente (agg)	nifla	נִפְלָא

gruppo (m)	kvutsa	קְבוּצָה (נ)
escursione (f)	tiyul	טִיוּל (ז)
guida (f) (cicerone)	madriχ tiyulim	מַדְרִיךְ טִיוּלִים (ז)

21. Hotel

albergo (m)	beit malon	בֵּית מָלוֹן (ז)
hotel (m)	malon	מָלוֹן (ז)
motel (m)	motel	מוֹטֵל (ז)

28

tre stelle	ʃloʃa koχavim	שְׁלוֹשָׁה כּוֹכָבִים
cinque stelle	χamiʃa koχavim	חֲמִישָׁה כּוֹכָבִים
alloggiare (vi)	lehit'aχsen	לְהִתְאַכְסֵן

camera (f)	'χeder	חֶדֶר (ז)
camera (f) singola	'χeder yaχid	חֶדֶר יָחִיד (ז)
camera (f) doppia	'χeder zugi	חֶדֶר זוּגִי (ז)
prenotare una camera	lehazmin 'χeder	לְהַזְמִין חֶדֶר

| mezza pensione (f) | χatsi pensiyon | חֲצִי פֶּנְסִיוֹן (ז) |
| pensione (f) completa | pensyon male | פֶּנְסִיוֹן מָלֵא (ז) |

con bagno	im am'batya	עִם אַמְבַּטְיָה
con doccia	im mik'laχat	עִם מִקְלַחַת
televisione (f) satellitare	tele'vizya bekvalim	טֶלֶוִוִיזְיָה בְּכְבָלִים (נ)
condizionatore (m)	mazgan	מַזְגָּן (ז)
asciugamano (m)	ma'gevet	מַגֶּבֶת (נ)
chiave (f)	maf'teaχ	מַפְתֵּחַ (ז)

amministratore (m)	amarkal	אֲמַרְכָּל (ז)
cameriera (f)	χadranit	חַדְרָנִית (נ)
portabagagli (m)	sabal	סַבָּל (ז)
portiere (m)	pakid kabala	פָּקִיד קַבָּלָה (ז)

ristorante (m)	mis'ada	מִסְעָדָה (נ)
bar (m)	bar	בָּר (ז)
colazione (f)	aruχat 'boker	אֲרוּחַת בּוֹקֶר (נ)
cena (f)	aruχat 'erev	אֲרוּחַת עֶרֶב (נ)
buffet (m)	miznon	מִזְנוֹן (ז)

| hall (f) (atrio d'ingresso) | 'lobi | לוֹבִּי (ז) |
| ascensore (m) | ma'alit | מַעֲלִית (נ) |

| NON DISTURBARE | lo lehaf'ri'a | לֹא לְהַפְרִיעַ |
| VIETATO FUMARE! | asur le'aʃen! | אָסוּר לְעַשֵּׁן! |

22. Visita turistica

monumento (m)	an'darta	אַנְדַּרְטָה (נ)
fortezza (f)	mivtsar	מִבְצָר (ז)
palazzo (m)	armon	אַרְמוֹן (ז)
castello (m)	tira	טִירָה (נ)
torre (f)	migdal	מִגְדָּל (ז)
mausoleo (m)	ma'uzo'le'um	מָאוֹזוֹלֵיאוֹם (ז)

architettura (f)	adriχalut	אַדְרִיכָלוּת (נ)
medievale (agg)	benaimi	בֵּינַיימִי
antico (agg)	atik	עַתִּיק
nazionale (agg)	le'umi	לְאוּמִי
famoso (agg)	mefursam	מְפוּרְסָם

turista (m)	tayar	תַּיָּיר (ז)
guida (f)	madriχ tiyulim	מַדְרִיךְ טִיוּלִים (ז)
escursione (f)	tiyul	טִיוּל (ז)

fare vedere	lehar'ot	לְהַרְאוֹת
raccontare (vt)	lesaper	לְסַפֵּר
trovare (vt)	limtso	לִמְצוֹא
perdersi (vr)	la'leχet le'ibud	לָלֶכֶת לְאִיבּוּד
mappa (f)	mapa	מַפָּה (נ)
(~ della metropolitana)		
piantina (f) (~ della città)	tarſim	תַּרְשִׁים (ז)
souvenir (m)	maz'keret	מַזְכֶּרֶת (נ)
negozio (m) di articoli	χanut matanot	חֲנוּת מַתָּנוֹת (נ)
da regalo		
fare foto	letsalem	לְצַלֵּם
fotografarsi	lehitstalem	לְהִצְטַלֵּם

MEZZI DI TRASPORTO

23. Aeroporto

Italiano	Traslitterazione	Ebraico
aeroporto (m)	nemal te'ufa	נְמַל תְּעוּפָה (ז)
aereo (m)	matos	מָטוֹס (ז)
compagnia (f) aerea	χevrat te'ufa	חֶבְרַת תְּעוּפָה (נ)
controllore (m) di volo	bakar tisa	בַּקָּר טִיסָה (ז)
partenza (f)	hamra'a	הַמְרָאָה (נ)
arrivo (m)	neχita	נְחִיתָה (נ)
arrivare (vi)	leha'gi'a betisa	לְהַגִּיעַ בְּטִיסָה
ora (f) di partenza	zman hamra'a	זְמַן הַמְרָאָה (ז)
ora (f) di arrivo	zman neχita	זְמַן נְחִיתָה (ז)
essere ritardato	lehit'akev	לְהִתְעַכֵּב
volo (m) ritardato	ikuv hatisa	עִכּוּב הַטִּיסָה (ז)
tabellone (m) orari	'luaχ meida	לוּחַ מֵידָע (ז)
informazione (f)	meida	מֵידָע (ז)
annunciare (vt)	leho'dia	לְהוֹדִיעַ
volo (m)	tisa	טִיסָה (נ)
dogana (f)	'meχes	מֶכֶס (ז)
doganiere (m)	pakid 'meχes	פָּקִיד מֶכֶס (ז)
dichiarazione (f)	hatsharat meχes	הַצְהָרַת מֶכֶס (נ)
riempire	lemale	לְמַלֵּא
(~ una dichiarazione)		
riempire una dichiarazione	lemale 'tofes hatshara	לְמַלֵּא טוֹפֶס הַצְהָרָה
controllo (m) passaporti	bdikat darkonim	בְּדִיקַת דַּרְכּוֹנִים (נ)
bagaglio (m)	kvuda	כְּבוּדָה (נ)
bagaglio (m) a mano	kvudat yad	כְּבוּדַת יָד (נ)
carrello (m)	eglat kvuda	עֶגְלַת כְּבוּדָה (נ)
atterraggio (m)	neχita	נְחִיתָה (נ)
pista (f) di atterraggio	maslul neχita	מַסְלוּל נְחִיתָה (ז)
atterrare (vi)	linχot	לִנְחוֹת
scaletta (f) dell'aereo	'keveʃ	כֶּבֶשׁ (ז)
check-in (m)	tʃek in	צֶ'ק אִין (ז)
banco (m) del check-in	dalpak tʃek in	דַּלְפַּק צֶ'ק אִין (ז)
fare il check-in	leva'tse'a tʃek in	לְבַצֵּעַ צֶ'ק אִין
carta (f) d'imbarco	kartis aliya lematos	כַּרְטִיס עֲלִיָּה לְמָטוֹס (ז)
porta (f) d'imbarco	'ʃa'ar yetsi'a	שַׁעַר יְצִיאָה (ז)
transito (m)	ma'avar	מַעֲבָר (ז)
aspettare (vt)	lehamtin	לְהַמְתִּין

sala (f) d'attesa	traklin tisa	טְרַקְלִין טִיסָה (ז)
accompagnare (vt)	lelavot	לְלַוּוֹת
congedarsi (vr)	lomar lehitra'ot	לוֹמַר לְהִתְרָאוֹת

24. Aeroplano

aereo (m)	matos	מָטוֹס (ז)
biglietto (m) aereo	kartis tisa	כַּרְטִיס טִיסָה (ז)
compagnia (f) aerea	χevrat te'ufa	חֶבְרַת תְּעוּפָה (נ)
aeroporto (m)	nemal te'ufa	נְמַל תְּעוּפָה (ז)
supersonico (agg)	al koli	עַל קוֹלִי

comandante (m)	kabarnit	קַבַּרְנִיט (ז)
equipaggio (m)	'tsevet	צֶוֶות (ז)
pilota (m)	tayas	טַיָּס (ז)
hostess (f)	da'yelet	דַּיֶּלֶת (נ)
navigatore (m)	navat	נַוָּט (ז)

ali (f pl)	kna'fayim	כְּנָפַיִים (נ"ר)
coda (f)	zanav	זָנָב (ז)
cabina (f)	'kokpit	קוֹקְפִּיט (ז)
motore (m)	ma'no'a	מָנוֹעַ (ז)

carrello (m) d'atterraggio	kan nesi'a	כַּן נְסִיעָה (ז)
turbina (f)	tur'bina	טוּרְבִּינָה (נ)

elica (f)	madχef	מַדְחֵף (ז)
scatola (f) nera	kufsa ʃχora	קוּפְסָה שְׁחוֹרָה (נ)

barra (f) di comando	'hege	הֶגֶה (ז)
combustibile (m)	'delek	דֶּלֶק (ז)

safety card (f)	hora'ot betiχut	הוֹרָאוֹת בְּטִיחוּת (נ"ר)
maschera (f) ad ossigeno	maseχat χamtsan	מַסֵּכַת חַמְצָן (נ)
uniforme (f)	madim	מַדִים (ז"ר)

giubbotto (m) di salvataggio	χagorat hatsala	חֲגוֹרַת הַצָּלָה (נ)
paracadute (m)	mitsnaχ	מִצְנָח (ז)

decollo (m)	hamra'a	הַמְרָאָה (נ)
decollare (vi)	lehamri	לְהַמְרִיא
pista (f) di decollo	maslul hamra'a	מַסְלוּל הַמְרָאָה (ז)

visibilità (f)	re'ut	רְאוּת (נ)
volo (m)	tisa	טִיסָה (נ)

altitudine (f)	'gova	גּוֹבַה (ז)
vuoto (m) d'aria	kis avir	כִּיס אֲוִויר (ז)

posto (m)	moʃav	מוֹשָׁב (ז)
cuffia (f)	ozniyot	אוֹזְנִיוֹת (נ"ר)
tavolinetto (m) pieghevole	magaʃ mitkapel	מַגָּשׁ מִתְקַפֵּל (ז)
oblò (m), finestrino (m)	tsohar	צוֹהַר (ז)
corridoio (m)	ma'avar	מַעֲבָר (ז)

25. Treno

treno (m)	ra'kevet	רַכֶּבֶת (נ)
elettrotreno (m)	ra'kevet parvarim	רַכֶּבֶת פַּרְבָּרִים (נ)
treno (m) rapido	ra'kevet mehira	רַכֶּבֶת מְהִירָה (נ)
locomotiva (f) diesel	katar 'dizel	קַטָר דִּיזֶל (ז)
locomotiva (f) a vapore	katar	קַטָר (ז)

| carrozza (f) | karon | קָרוֹן (ז) |
| vagone (m) ristorante | kron mis'ada | קְרוֹן מִסְעָדָה (ז) |

rotaie (f pl)	mesilot	מְסִילוֹת (נ"ר)
ferrovia (f)	mesilat barzel	מְסִילַת בַּרְזֶל (נ)
traversa (f)	'eden	אֶדֶן (ז)

banchina (f) (~ ferroviaria)	ratsif	רָצִיף (ז)
binario (m) (~ 1, 2)	mesila	מְסִילָה (נ)
semaforo (m)	ramzor	רַמְזוֹר (ז)
stazione (f)	taxana	תַחֲנָה (נ)

macchinista (m)	nahag ra'kevet	נָהָג רַכֶּבֶת (ז)
portabagagli (m)	sabal	סַבָּל (ז)
cuccettista (m, f)	sadran ra'kevet	סַדְרָן רַכֶּבֶת (ז)
passeggero (m)	no'se'a	נוֹסֵעַ (ז)
controllore (m)	bodek	בּוֹדֵק (ז)

| corridoio (m) | prozdor | פְּרוֹזְדּוֹר (ז) |
| freno (m) di emergenza | ma'atsar xirum | מַעֲצָר חִירוּם (ז) |

scompartimento (m)	ta	תָּא (ז)
cuccetta (f)	dargaʃ	דַּרְגָּשׁ (ז)
cuccetta (f) superiore	dargaʃ elyon	דַּרְגָּשׁ עֶלְיוֹן (ז)
cuccetta (f) inferiore	dargaʃ taxton	דַּרְגָּשׁ תַחְתּוֹן (ז)
biancheria (f) da letto	matsa'im	מַצָעִים (ז"ר)

biglietto (m)	kartis	כַּרְטִיס (ז)
orario (m)	'luax zmanim	לוּחַ זְמַנִים (ז)
tabellone (m) orari	'ʃelet meida	שֶׁלֶט מֵידָע (ז)

| partire (vi) | latset | לָצֵאת |
| partenza (f) | yetsi'a | יְצִיאָה (נ) |

| arrivare (di un treno) | leha'gi'a | לְהַגִּיעַ |
| arrivo (m) | haga'a | הַגָּעָה (נ) |

arrivare con il treno	leha'gi'a bera'kevet	לְהַגִּיעַ בְּרַכֶּבֶת
salire sul treno	la'alot lera'kevet	לַעֲלוֹת לְרַכֶּבֶת
scendere dal treno	la'redet mehara'kevet	לָרֶדֶת מֵהַרַכֶּבֶת

deragliamento (m)	hitraskut	הִתְרַסְקוּת (נ)
deragliare (vi)	la'redet mipasei ra'kevet	לָרֶדֶת מִפַּסֵי רַכֶּבֶת
locomotiva (f) a vapore	katar	קַטָר (ז)
fuochista (m)	masik	מַסִּיק (ז)
forno (m)	kivʃan	כִּבְשָׁן (ז)
carbone (m)	pexam	פֶּחָם (ז)

26. Nave

nave (f)	sfina	סְפִינָה (נ)
imbarcazione (f)	sfina	סְפִינָה (נ)
piroscafo (m)	oniyat kitor	אוֹנִיַּת קִיטוֹר (נ)
barca (f) fluviale	sfinat nahar	סְפִינַת נָהָר (נ)
transatlantico (m)	oniyat ta'anugot	אוֹנִיַּת תַּעֲנוּגוֹת (נ)
incrociatore (m)	sa'yeret	סַיֶּרֶת (נ)
yacht (m)	'yaχta	יַכְטָה (נ)
rimorchiatore (m)	go'reret	גוֹרֶרֶת (נ)
chiatta (f)	arba	אַרְבָּה (נ)
traghetto (m)	ma'a'boret	מַעֲבּוֹרֶת (נ)
veliero (m)	sfinat mifras	סְפִינַת מִפְרָשׂ (נ)
brigantino (m)	briganit	בְּרִיגָּנִית (נ)
rompighiaccio (m)	ʃo'veret 'keraχ	שׁוֹבֶרֶת קֶרַח (נ)
sottomarino (m)	tso'lelet	צוֹלֶלֶת (נ)
barca (f)	sira	סִירָה (נ)
scialuppa (f)	sira	סִירָה (נ)
scialuppa (f) di salvataggio	sirat hatsala	סִירַת הַצָּלָה (נ)
motoscafo (m)	sirat ma'no'a	סִירַת מָנוֹעַ (נ)
capitano (m)	rav χovel	רַב־חוֹבֵל (ז)
marittimo (m)	malaχ	מַלָּח (ז)
marinaio (m)	yamai	יַמַּאי (ז)
equipaggio (m)	'tsevet	צֶוֶת (ז)
nostromo (m)	rav malaχim	רַב־מַלָּחִים (ז)
mozzo (m) di nave	'na'ar sipun	נַעַר סִיפּוּן (ז)
cuoco (m)	tabaχ	טַבָּח (ז)
medico (m) di bordo	rofe ha'oniya	רוֹפֵא הָאוֹנִיָּה (ז)
ponte (m)	sipun	סִיפּוּן (ז)
albero (m)	'toren	תּוֹרֶן (ז)
vela (f)	mifras	מִפְרָשׂ (ז)
stiva (f)	'beten oniya	בֶּטֶן אוֹנִיָּה (נ)
prua (f)	χartom	חַרְטוֹם (ז)
poppa (f)	yarketei hasfina	יַרְכְּתֵי הַסְּפִינָה (ז"ר)
remo (m)	maʃot	מָשׁוֹט (ז)
elica (f)	madχef	מַדְחֵף (ז)
cabina (f)	ta	תָּא (ז)
quadrato (m) degli ufficiali	mo'adon ktsinim	מוֹעֲדוֹן קְצִינִים (ז)
sala (f) macchine	χadar meχonot	חֲדַר מְכוֹנוֹת (ז)
ponte (m) di comando	'geʃer hapikud	גֶּשֶׁר הַפִּיקוּד (ז)
cabina (f) radiotelegrafica	ta alχutan	תָּא אַלְחוּטָן (ז)
onda (f)	'teder	תֶּדֶר (ז)
giornale (m) di bordo	yoman ha'oniya	יוֹמַן הָאוֹנִיָּה (ז)
cannocchiale (m)	miʃ'kefet	מִשְׁקֶפֶת (נ)
campana (f)	pa'amon	פַּעֲמוֹן (ז)

bandiera (f)	'degel	דֶּגֶל (ז)
cavo (m) (~ d'ormeggio)	avot ha'oniya	עֲבוֹת הָאוֹנִיָּיה (נ)
nodo (m)	'keʃer	קֶשֶׁר (ז)
ringhiera (f)	ma'ake hasipun	מַעֲקֶה הַסִּיפּוּן (ז)
passerella (f)	'keveʃ	כֶּבֶשׁ (ז)
ancora (f)	'ogen	עוֹגֶן (ז)
levare l'ancora	leharim 'ogen	לְהָרִים עוֹגֶן
gettare l'ancora	la'agon	לַעֲגוֹן
catena (f) dell'ancora	ʃarʃeret ha'ogen	שַׁרְשֶׁרֶת הָעוֹגֶן (נ)
porto (m)	namal	נָמָל (ז)
banchina (f)	'mezaχ	מֵזַח (ז)
ormeggiarsi (vr)	la'agon	לַעֲגוֹן
salpare (vi)	lehaflig	לְהַפְלִיג
viaggio (m)	masa, tiyul	מַסָּע (ז), טִיּוּל (ז)
crociera (f)	'ʃayit	שַׁיִט (ז)
rotta (f)	kivun	כִּיווּן (ז)
itinerario (m)	nativ	נָתִיב (ז)
tratto (m) navigabile	nativ 'ʃayit	נָתִיב שַׁיִט (ז)
secca (f)	sirton	שִׂרְטוֹן (ז)
arenarsi (vr)	la'alot al hasirton	לַעֲלוֹת עַל הַשִּׂרְטוֹן
tempesta (f)	sufa	סוּפָה (נ)
segnale (m)	ot	אוֹת (ז)
affondare (andare a fondo)	lit'bo'a	לִטְבּוֹעַ
Uomo in mare!	adam ba'mayim!	אָדָם בַּמַּיִם!
SOS	kri'at hatsala	קְרִיאַת הַצָּלָה
salvagente (m) anulare	galgal hatsala	גַּלְגַּל הַצָּלָה (ז)

CITTÀ

27. Mezzi pubblici in città

autobus (m)	'otobus	אוֹטוֹבּוּס (ז)
tram (m)	ra'kevet kala	רַכֶּבֶת קַלָּה (נ)
filobus (m)	tro'leibus	טרוֹלֵיבּוּס (ז)
itinerario (m)	maslul	מַסְלוּל (ז)
numero (m)	mispar	מִסְפָּר (ז)

andare in ...	lin'so'a be...	לִנְסוֹעַ בְּ...
salire (~ sull'autobus)	la'alot	לַעֲלוֹת
scendere da ...	la'redet mi...	לָרֶדֶת מִ...

fermata (f) (~ dell'autobus)	taxana	תַּחֲנָה (נ)
prossima fermata (f)	hataxana haba'a	הַתַּחֲנָה הַבָּאָה (נ)
capolinea (m)	hataxana ha'axrona	הַתַּחֲנָה הָאַחֲרוֹנָה (נ)
orario (m)	'luax zmanim	לוּחַ זְמַנִּים (ז)
aspettare (vt)	lehamtin	לְהַמְתִּין

biglietto (m)	kartis	כַּרְטִיס (ז)
prezzo (m) del biglietto	mexir hanesiya	מְחִיר הַנְּסִיעָה (ז)

cassiere (m)	kupai	קוּפָּאִי (ז)
controllo (m) dei biglietti	bi'koret kartisim	בִּיקוֹרֶת כַּרְטִיסִים (נ)
bigliettaio (m)	mevaker	מְבַקֵּר (ז)

essere in ritardo	le'axer	לְאַחֵר
perdere (~ il treno)	lefasfes	לְפַסְפֵּס
avere fretta	lemaher	לְמַהֵר

taxi (m)	monit	מוֹנִית (נ)
taxista (m)	nahag monit	נַהַג מוֹנִית (ז)
in taxi	bemonit	בְּמוֹנִית
parcheggio (m) di taxi	taxanat moniyot	תַּחֲנַת מוֹנִיּוֹת (נ)
chiamare un taxi	lehazmin monit	לְהַזְמִין מוֹנִית
prendere un taxi	la'kaxat monit	לָקַחַת מוֹנִית

traffico (m)	tnu'a	תְּנוּעָה (נ)
ingorgo (m)	pkak	פְּקָק (ז)
ore (f pl) di punta	ʃa'ot 'omes	שְׁעוֹת עוֹמֶס (נ"ר)
parcheggiarsi (vr)	laxanot	לַחֲנוֹת
parcheggiare (vt)	lehaxnot	לְהַחֲנוֹת
parcheggio (m)	xanaya	חֲנָיָה (נ)

metropolitana (f)	ra'kevet taxtit	רַכֶּבֶת תַּחְתִּית (נ)
stazione (f)	taxana	תַּחֲנָה (נ)
prendere la metropolitana	lin'so'a betaxtit	לִנְסוֹעַ בְּתַחְתִּית
treno (m)	ra'kevet	רַכֶּבֶת (נ)
stazione (f) ferroviaria	taxanat ra'kevet	תַּחֲנַת רַכֶּבֶת (נ)

28. Città. Vita di città

città (f)	ir	עִיר (נ)
capitale (f)	ir bira	עִיר בִּירָה (נ)
villaggio (m)	kfar	כְּפָר (ז)
mappa (f) della città	mapat ha'ir	מַפַּת הָעִיר (נ)
centro (m) della città	merkaz ha'ir	מֶרְכַּז הָעִיר (ז)
sobborgo (m)	parvar	פַּרְוָר (ז)
suburbano (agg)	parvari	פַּרְוָרִי
periferia (f)	parvar	פַּרְוָר (ז)
dintorni (m pl)	svivot	סְבִיבוֹת (נ"ר)
isolato (m)	ʃxuna	שְׁכוּנָה (נ)
quartiere residenziale	ʃxunat megurim	שְׁכוּנַת מְגוּרִים (נ)
traffico (m)	tnu'a	תְּנוּעָה (נ)
semaforo (m)	ramzor	רַמְזוֹר (ז)
trasporti (m pl) urbani	taxbura tsiburit	תַּחְבּוּרָה צִיבּוּרִית (נ)
incrocio (m)	'tsomet	צוֹמֶת (ז)
passaggio (m) pedonale	ma'avar xatsaya	מַעֲבַר חֲצָיָה (ז)
sottopassaggio (m)	ma'avar tat karka'i	מַעֲבָר תַּת-קַרְקָעִי (ז)
attraversare (vt)	laxatsot	לַחֲצוֹת
pedone (m)	holex 'regel	הוֹלֵךְ רֶגֶל (ז)
marciapiede (m)	midraxa	מִדְרָכָה (נ)
ponte (m)	'geʃer	גֶּשֶׁר (ז)
banchina (f)	ta'yelet	טַיֶּילֶת (נ)
fontana (f)	mizraka	מִזְרָקָה (נ)
vialetto (m)	sdera	שְׂדֵרָה (נ)
parco (m)	park	פַּארְק (ז)
boulevard (m)	sdera	שְׂדֵרָה (נ)
piazza (f)	kikar	כִּיכָּר (נ)
viale (m), corso (m)	rexov raʃi	רְחוֹב רָאשִׁי (ז)
via (f), strada (f)	rexov	רְחוֹב (ז)
vicolo (m)	simta	סִמְטָה (נ)
vicolo (m) cieco	mavoi satum	מָבוֹי סָתוּם (ז)
casa (f)	'bayit	בַּיִת (ז)
edificio (m)	binyan	בְּנִיָּין (ז)
grattacielo (m)	gored ʃxakim	גּוֹרֵד שְׁחָקִים (ז)
facciata (f)	xazit	חָזִית (נ)
tetto (m)	gag	גַּג (ז)
finestra (f)	xalon	חַלּוֹן (ז)
arco (m)	'keʃet	קֶשֶׁת (נ)
colonna (f)	amud	עַמּוּד (ז)
angolo (m)	pina	פִּינָה (נ)
vetrina (f)	xalon ra'ava	חַלּוֹן רַאֲוָוה (ז)
insegna (f) (di negozi, ecc.)	'ʃelet	שֶׁלֶט (ז)
cartellone (m)	kraza	כְּרָזָה (נ)
cartellone (m) pubblicitario	'poster	פּוֹסְטֶר (ז)

tabellone (m) pubblicitario	'luaχ pirsum	לוּחַ פִּרְסוּם (ז)
pattume (m), spazzatura (f)	'zevel	זֶבֶל (ז)
pattumiera (f)	paχ aʃpa	פַּח אַשְׁפָּה (ז)
sporcare (vi)	lelaχleχ	לְלַכְלֵךְ
discarica (f) di rifiuti	mizbala	מִזְבָּלָה (נ)
cabina (f) telefonica	ta 'telefon	תָּא טֶלֶפוֹן (ז)
lampione (m)	amud panas	עַמּוּד פָּנָס (ז)
panchina (f)	safsal	סַפְסָל (ז)
poliziotto (m)	ʃoter	שׁוֹטֵר (ז)
polizia (f)	miʃtara	מִשְׁטָרָה (נ)
mendicante (m)	kabtsan	קַבְּצָן (ז)
barbone (m)	χasar 'bayit	חֲסַר בַּיִת (ז)

29. Servizi cittadini

negozio (m)	χanut	חֲנוּת (נ)
farmacia (f)	beit mir'kaχat	בֵּית מִרְקַחַת (ז)
ottica (f)	χanut miʃka'fayim	חֲנוּת מִשְׁקָפַיִים (נ)
centro (m) commerciale	kanyon	קַנְיוֹן (ז)
supermercato (m)	super'market	סוּפֶּרְמַרְקֶט (ז)
panetteria (f)	ma'afiya	מַאֲפִיָּה (נ)
fornaio (m)	ofe	אוֹפֶה (ז)
pasticceria (f)	χanut mamtakim	חֲנוּת מַמְתַּקִים (נ)
drogheria (f)	ma'kolet	מַכֹּלֶת (נ)
macelleria (f)	itliz	אִטְלִיז (ז)
fruttivendolo (m)	χanut perot viyerakot	חֲנוּת פֵּירוֹת וִירָקוֹת (נ)
mercato (m)	ʃuk	שׁוּק (ז)
caffè (m)	beit kafe	בֵּית קָפֶה (ז)
ristorante (m)	mis'ada	מִסְעָדָה (נ)
birreria (f), pub (m)	pab	פָּאבּ (ז)
pizzeria (f)	pi'tseriya	פִּיצֶרְיָּה (נ)
salone (m) di parrucchiere	mispara	מִסְפָּרָה (נ)
ufficio (m) postale	'do'ar	דּוֹאַר (ז)
lavanderia (f) a secco	nikui yaveʃ	נִיקוּי יָבֵשׁ (ז)
studio (m) fotografico	'studyo letsilum	סְטוּדִיוֹ לְצִילוּם (ז)
negozio (m) di scarpe	χanut na'a'layim	חֲנוּת נַעֲלַיִים (נ)
libreria (f)	χanut sfarim	חֲנוּת סְפָרִים (נ)
negozio (m) sportivo	χanut sport	חֲנוּת סְפּוֹרְט (נ)
riparazione (f) di abiti	χanut tikun bgadim	חֲנוּת תִּיקוּן בְּגָדִים (נ)
noleggio (m) di abiti	χanut haskarat bgadim	חֲנוּת הַשְׂכָּרַת בְּגָדִים (נ)
noleggio (m) di film	χanut haʃalat sratim	חֲנוּת הַשְׁאָלַת סְרָטִים (נ)
circo (m)	kirkas	קִרְקָס (ז)
zoo (m)	gan hayot	גַּן חַיּוֹת (ז)
cinema (m)	kol'no'a	קוֹלְנוֹעַ (ז)
museo (m)	muze'on	מוּזֵיאוֹן (ז)

biblioteca (f)	sifriya	סִפְרִיָּה (נ)
teatro (m)	te'atron	תֵּיאַטרוֹן (ז)
teatro (m) dell'opera	beit 'opera	בֵּית אוֹפֵּרָה (ז)
locale notturno (m)	mo'adon 'laila	מוֹעֲדוֹן לַיְלָה (ז)
casinò (m)	ka'zino	קָזִינוֹ (ז)
moschea (f)	misgad	מִסְגָּד (ז)
sinagoga (f)	beit 'kneset	בֵּית כְּנֶסֶת (ז)
cattedrale (f)	kated'rala	קָתֶדְרָלָה (נ)
tempio (m)	mikdaʃ	מִקְדָּש (ז)
chiesa (f)	knesiya	כְּנֵסִיָּה (נ)
istituto (m)	miχlala	מִכְלָלָה (נ)
università (f)	uni'versita	אוּנִיבֶרְסִיטָה (נ)
scuola (f)	beit 'sefer	בֵּית סֵפֶר (ז)
prefettura (f)	maχoz	מָחוֹז (ז)
municipio (m)	iriya	עִירִיָּה (נ)
albergo, hotel (m)	beit malon	בֵּית מָלוֹן (ז)
banca (f)	bank	בַּנק (ז)
ambasciata (f)	ʃagrirut	שַׁגְרִירוּת (נ)
agenzia (f) di viaggi	soχnut nesi'ot	סוֹכְנוּת נְסִיעוֹת (נ)
ufficio (m) informazioni	modi'in	מוֹדִיעִין (ז)
ufficio (m) dei cambi	misrad hamarat mat'be'a	מִשְׂרַד הֲמָרַת מַטְבֵּעַ (ז)
metropolitana (f)	ra'kevet taχtit	רַכֶּבֶת תַּחְתִּית (נ)
ospedale (m)	beit χolim	בֵּית חוֹלִים (ז)
distributore (m) di benzina	taχanat 'delek	תַּחֲנַת דֶּלֶק (נ)
parcheggio (m)	migraʃ χanaya	מִגְרַשׁ חֲנָיָה (ז)

30. Cartelli

insegna (f) (di negozi, ecc.)	'ʃelet	שֶׁלֶט (ז)
iscrizione (f)	moda'a	מוֹדָעָה (נ)
cartellone (m)	'poster	פּוֹסְטֶר (ז)
segnale (m) di direzione	tamrur	תַּמְרוּר (ז)
freccia (f)	χeʦ	חֵץ (ז)
avvertimento (m)	azhara	אַזְהָרָה (נ)
avviso (m)	'ʃelet azhara	שֶׁלֶט אַזְהָרָה (ז)
avvertire, avvisare (vt)	lehazhir	לְהַזְהִיר
giorno (m) di riposo	yom 'χofeʃ	יוֹם חוֹפֶשׁ (ז)
orario (m)	'luaχ zmanim	לוּחַ זְמַנִּים (ז)
orario (m) di apertura	ʃa'ot avoda	שְׁעוֹת עֲבוֹדָה (נ"ר)
BENVENUTI!	bruχim haba'im!	בְּרוּכִים הַבָּאִים!
ENTRATA	knisa	כְּנִיסָה
USCITA	yeʦi'a	יְצִיאָה
SPINGERE	dχof	דְּחוֹף
TIRARE	mʃoχ	מְשׁוֹךְ

| APERTO | pa'tuax | פָּתוּחַ |
| CHIUSO | sagur | סָגוּר |

| DONNE | lenaʃim | לְנָשִׁים |
| UOMINI | legvarim | לְגְבָרִים |

SCONTI	hanaxot	הֲנָחוֹת
SALDI	mivtsa	מִבְצָע
NOVITÀ!	xadaʃ!	חָדָשׁ!
GRATIS	xinam	חִינָם

ATTENZIONE!	sim lev!	שִׂים לֵב!
COMPLETO	ein makom panui	אֵין מָקוֹם פָּנוּי
RISERVATO	ʃamur	שָׁמוּר

| AMMINISTRAZIONE | hanhala | הַנְהָלָה |
| RISERVATO AL PERSONALE | le'ovdim bilvad | לְעוֹבְדִים בִּלְבָד |

ATTENTI AL CANE	zehirut 'kelev noʃex!	זְהִירוּת, כֶּלֶב נוֹשֵׁךְ!
VIETATO FUMARE!	asur le'aʃen!	אָסוּר לְעַשֵׁן!
NON TOCCARE	lo lagaat!	לֹא לָגַעַת!

PERICOLOSO	mesukan	מְסוּכָּן
PERICOLO	sakana	סַכָּנָה
ALTA TENSIONE	'metax ga'voha	מֶתַח גָּבוֹהַ
DIVIETO DI BALNEAZIONE	haraxatsa asura!	הָרַחָצָה אֲסוּרָה!
GUASTO	lo oved	לֹא עוֹבֵד

INFIAMMABILE	dalik	דָלִיק
VIETATO	asur	אָסוּר
VIETATO L'INGRESSO	asur la'avor	אָסוּר לַעֲבוֹר
VERNICE FRESCA	'tseva lax	צֶבַע לַח

31. Acquisti

comprare (vt)	liknot	לִקְנוֹת
acquisto (m)	kniya	קְנִיָּה (נ)
fare acquisti	la'lexet lekniyot	לָלֶכֶת לִקְנִיוֹת
shopping (m)	arixat kniyot	עֲרִיכַת קְנִיוֹת (נ)

| essere aperto (negozio) | pa'tuax | פָּתוּחַ |
| essere chiuso | sagur | סָגוּר |

calzature (f pl)	na'a'layim	נַעֲלַיִים (נ״ר)
abbigliamento (m)	bgadim	בְּגָדִים (ז״ר)
cosmetica (f)	tamrukim	תַּמְרוּקִים (ז״ר)
alimentari (m pl)	mutsrei mazon	מוּצְרֵי מָזוֹן (ז״ר)
regalo (m)	matana	מַתָּנָה (נ)

commesso (m)	moxer	מוֹכֵר (ז)
commessa (f)	mo'xeret	מוֹכֶרֶת (נ)
cassa (f)	kupa	קוּפָּה (נ)
specchio (m)	mar'a	מַרְאָה (נ)

banco (m)	duχan	דּוּכָן (ז)
camerino (m)	'χeder halbaʃa	חֶדֶר הַלְבָּשָׁה (ז)
provare (~ un vestito)	limdod	לִמְדּוֹד
stare bene (vestito)	lehat'im	לְהַתְאִים
piacere (vi)	limtso χen be'ei'nayim	לִמְצוֹא חֵן בָּעֵינַיִים
prezzo (m)	meχir	מְחִיר (ז)
etichetta (f) del prezzo	tag meχir	תַּג מְחִיר (ז)
costare (vt)	la'alot	לַעֲלוֹת
Quanto?	'kama?	כַּמָה?
sconto (m)	hanaχa	הֲנָחָה (נ)
no muy caro (agg)	lo yakar	לֹא יָקָר
a buon mercato	zol	זוֹל
caro (agg)	yakar	יָקָר
È caro	ze yakar	זֶה יָקָר
noleggio (m)	haskara	הַשְׂכָּרָה (נ)
noleggiare (~ un abito)	liskor	לִשְׂכּוֹר
credito (m)	aʃrai	אַשְׁרַאי (ז)
a credito	be'aʃrai	בְּאַשְׁרַאי

ABBIGLIAMENTO E ACCESSORI

32. Indumenti. Soprabiti

vestiti (m pl)	bgadim	בְּגָדִים (ז"ר)
soprabito (m)	levuʃ elyon	לְבוּשׁ עֶלְיוֹן (ז)
abiti (m pl) invernali	bigdei 'χoref	בִּגְדֵי חוֹרֶף (ז"ר)
cappotto (m)	me'il	מְעִיל (ז)
pelliccia (f)	me'il parva	מְעִיל פַּרְוָה (ז)
pellicciotto (m)	me'il parva kaʦar	מְעִיל פַּרְוָה קָצָר (ז)
piumino (m)	me'il puχ	מְעִיל פּוּךְ (ז)
giubbotto (m), giaccia (f)	me'il kaʦar	מְעִיל קָצָר (ז)
impermeabile (m)	me'il 'geʃem	מְעִיל גֶּשֶׁם (ז)
impermeabile (agg)	amid be'mayim	עָמִיד בְּמַיִם

33. Abbigliamento uomo e donna

camicia (f)	χulʦa	חוּלְצָה (נ)
pantaloni (m pl)	miχna'sayim	מִכְנָסַיִים (ז"ר)
jeans (m pl)	miχnesei 'dʒins	מִכְנְסֵי גִ'ינְס (ז"ר)
giacca (f) (~ di tweed)	ʒaket	זָ'קֵט (ז)
abito (m) da uomo	χalifa	חָלִיפָה (נ)
abito (m)	simla	שִׂמְלָה (נ)
gonna (f)	χaʦa'it	חֲצָאִית (נ)
camicetta (f)	χulʦa	חוּלְצָה (נ)
giacca (f) a maglia	ʒaket 'ʦemer	זָ'קֵט צֶמֶר (ז)
giacca (f) tailleur	ʒaket	זָ'קֵט (ז)
maglietta (f)	ti ʃert	טִי שֵׁרְט (ז)
pantaloni (m pl) corti	miχna'sayim kʦarim	מִכְנָסַיִים קְצָרִים (ז"ר)
tuta (f) sportiva	'trening	טְרֵנִינְג (ז)
accappatoio (m)	χaluk raχaʦa	חָלוּק רַחְצָה (ז)
pigiama (m)	pi'dʒama	פִּיגָ'מָה (נ)
maglione (m)	'sveder	סְוֶודֶר (ז)
pullover (m)	afuda	אֲפוּדָה (נ)
gilè (m)	vest	וֶסְט (ז)
frac (m)	frak	פְרַאק (ז)
smoking (m)	tuk'sido	טוּקְסִידוֹ (ז)
uniforme (f)	madim	מַדִים (ז"ר)
tuta (f) da lavoro	bigdei avoda	בִּגְדֵי עֲבוֹדָה (ז"ר)
salopette (f)	sarbal	סַרְבָּל (ז)
camice (m) (~ del dottore)	χaluk	חָלוּק (ז)

34. Abbigliamento. Biancheria intima

biancheria (f) intima	levanim	לְבָנִים (ז"ר)
boxer (m pl)	taxtonim	תַּחְתּוֹנִים (ז"ר)
mutandina (f)	taxtonim	תַּחְתּוֹנִים (ז"ר)
maglietta (f) intima	gufiya	גּוּפִיָּה (נ)
calzini (m pl)	gar'bayim	גַּרְבַּיִם (ז"ר)
camicia (f) da notte	'ktonet 'laila	כְּתוֹנֶת לַיְלָה (נ)
reggiseno (m)	xaziya	חֲזִיָּה (נ)
calzini (m pl) alti	birkon	בִּרְכּוֹן (ז)
collant (m)	garbonim	גַּרְבּוֹנִים (ז"ר)
calze (f pl)	garbei 'nailon	גַּרְבֵּי נַיְלוֹן (ז"ר)
costume (m) da bagno	'beged yam	בֶּגֶד יָם (ז)

35. Copricapo

cappello (m)	'kova	כּוֹבַע (ז)
cappello (m) di feltro	'kova 'leved	כּוֹבַע לֶבֶד (ז)
cappello (m) da baseball	'kova 'beisbol	כּוֹבַע בֵּייסְבּוֹל (ז)
coppola (f)	'kova mitsxiya	כּוֹבַע מִצְחִיָּה (ז)
basco (m)	baret	בֶּרֶט (ז)
cappuccio (m)	bardas	בַּרְדָּס (ז)
panama (m)	'kova 'tembel	כּוֹבַע טֶמְבֶּל (ז)
berretto (m) a maglia	'kova 'gerev	כּוֹבַע גֶּרֶב (ז)
fazzoletto (m) da capo	mit'paxat	מִטְפַּחַת (נ)
cappellino (m) donna	'kova	כּוֹבַע (ז)
casco (m) (~ di sicurezza)	kasda	קַסְדָּה (נ)
bustina (f)	kumta	כּוּמְתָּה (נ)
casco (m) (~ moto)	kasda	קַסְדָּה (נ)
bombetta (f)	mig'ba'at me'u'gelet	מִגְבַּעַת מְעוּגֶּלֶת (נ)
cilindro (m)	tsi'linder	צִילִינְדֶּר (ז)

36. Calzature

calzature (f pl)	han'ala	הַנְעָלָה (נ)
stivaletti (m pl)	na'a'layim	נַעֲלַיִים (נ"ר)
scarpe (f pl)	na'a'layim	נַעֲלַיִים (נ"ר)
stivali (m pl)	maga'fayim	מַגָּפַיִים (ז"ר)
pantofole (f pl)	na'alei 'bayit	נַעֲלֵי בַּיִת (נ"ר)
scarpe (f pl) da tennis	na'alei sport	נַעֲלֵי סְפּוֹרְט (נ"ר)
scarpe (f pl) da ginnastica	na'alei sport	נַעֲלֵי סְפּוֹרְט (נ"ר)
sandali (m pl)	sandalim	סַנְדָּלִים (ז"ר)
calzolaio (m)	sandlar	סַנְדְּלָר (ז)
tacco (m)	akev	עָקֵב (ז)

paio (m)	zug	זוּג (ז)
laccio (m)	sroχ	שְׂרוֹךְ (ז)
allacciare (vt)	lisroχ	לִשְׂרוֹךְ
calzascarpe (m)	kaf na'a'layim	כַּף נַעֲלַיִים (נ)
lucido (m) per le scarpe	mi∫χat na'a'layim	מִשְׁחַת נַעֲלַיִים (נ)

37. Accessori personali

guanti (m pl)	kfafot	כְּפָפוֹת (נ״ר)
manopole (f pl)	kfafot	כְּפָפוֹת (נ״ר)
sciarpa (f)	tsa'if	צָעִיף (ז)
occhiali (m pl)	mi∫ka'fayim	מִשְׁקָפַיִים (ז״ר)
montatura (f)	mis'geret	מִסְגֶּרֶת (נ)
ombrello (m)	mitriya	מִטְרִיָּה (נ)
bastone (m)	makel haliχa	מַקֵּל הֲלִיכָה (ז)
spazzola (f) per capelli	miv're∫et se'ar	מִבְרֶשֶׁת שֵׂיעָר (נ)
ventaglio (m)	menifa	מְנִיפָה (נ)
cravatta (f)	aniva	עֲנִיבָה (נ)
cravatta (f) a farfalla	anivat parpar	עֲנִיבַת פַּרְפַּר (נ)
bretelle (f pl)	ktefiyot	כְּתֵפִיּוֹת (נ״ר)
fazzoletto (m)	mimχata	מִמְחָטָה (נ)
pettine (m)	masrek	מַסְרֵק (ז)
fermaglio (m)	sikat ro∫	סִיכַּת רֹאשׁ (נ)
forcina (f)	sikat se'ar	סִיכַּת שֵׂיעָר (נ)
fibbia (f)	avzam	אַבְזָם (ז)
cintura (f)	χagora	חֲגוֹרָה (נ)
spallina (f)	ret∫u'at katef	רְצוּעַת כָּתֵף (נ)
borsa (f)	tik	תִּיק (ז)
borsetta (f)	tik	תִּיק (ז)
zaino (m)	tarmil	תַּרְמִיל (ז)

38. Abbigliamento. Varie

moda (f)	ofna	אוֹפְנָה (נ)
di moda	ofnati	אוֹפְנָתִי
stilista (m)	me'atsev ofna	מְעַצֵּב אוֹפְנָה (ז)
collo (m)	tsavaron	צַוָּוארוֹן (ז)
tasca (f)	kis	כִּיס (ז)
tascabile (agg)	∫el kis	שֶׁל כִּיס
manica (f)	∫arvul	שַׁרְווּל (ז)
asola (f) per appendere	mitle	מִתְלֶה (ז)
patta (f) (~ dei pantaloni)	χanut	חָנוּת (נ)
cerniera (f) lampo	roχsan	רוֹכְסָן (ז)
chiusura (f)	'keres	קֶרֶס (ז)
bottone (m)	kaftor	כַּפְתּוֹר (ז)

occhiello (m)	lula'a	לוֹלָאָה (נ)
staccarsi (un bottone)	lehitaleʃ	לְהִיתָּלֵשׁ
cucire (vi, vt)	litpor	לִתְפּוֹר
ricamare (vi, vt)	lirkom	לִרְקוֹם
ricamo (m)	rikma	רִקְמָה (נ)
ago (m)	'maχat tfira	מַחַט תְּפִירָה (נ)
filo (m)	χut	חוּט (ז)
cucitura (f)	'tefer	תֶּפֶר (ז)
sporcarsi (vr)	lehitlaχleχ	לְהִתְלַכְלֵךְ
macchia (f)	'ketem	כֶּתֶם (ז)
sgualcirsi (vr)	lehitkamet	לְהִתְקַמֵּט
strappare (vt)	lik'ro'a	לִקְרוֹעַ
tarma (f)	aʃ	עָשׁ (ז)

39. Cura della persona. Cosmetici

dentifricio (m)	miʃχat ʃi'nayim	מִשְׁחַת שִׁינַּיִים (נ)
spazzolino (m) da denti	miv'reʃet ʃi'nayim	מִבְרֶשֶׁת שִׁינַּיִים (נ)
lavarsi i denti	letsaχ'tseaχ ʃi'nayim	לְצַחְצֵחַ שִׁינַּיִים
rasoio (m)	'ta'ar	תַּעַר (ז)
crema (f) da barba	'ketsef gi'luaχ	קֶצֶף גִּילּוּחַ (ז)
rasarsi (vr)	lehitga'leaχ	לְהִתְגַּלֵּחַ
sapone (m)	sabon	סַבּוֹן (ז)
shampoo (m)	ʃampu	שַׁמְפּוּ (ז)
forbici (f pl)	mispa'rayim	מִסְפָּרַיִים (ז"ר)
limetta (f)	ptsira	פְּצִירָה (נ)
tagliaunghie (m)	gozez tsipor'nayim	גּוֹזֵז צִיפּוֹרְנַיִים (ז)
pinzette (f pl)	pin'tseta	פִּינְצֶטָה (נ)
cosmetica (f)	tamrukim	תַּמְרוּקִים (ז"ר)
maschera (f) di bellezza	maseχa	מַסֵּכָה (נ)
manicure (m)	manikur	מָנִיקוּר (ז)
fare la manicure	la'asot manikur	לַעֲשׂוֹת מָנִיקוּר
pedicure (m)	pedikur	פֶּדִיקוּר (ז)
borsa (f) del trucco	tik ipur	תִּיק אִיפּוּר (ז)
cipria (f)	'pudra	פּוּדְרָה (נ)
portacipria (m)	pudriya	פּוּדְרִייָה (נ)
fard (m)	'somek	סוֹמֶק (ז)
profumo (m)	'bosem	בּוֹשֶׂם (ז)
acqua (f) da toeletta	mei 'bosem	מֵי בּוֹשֶׂם (ז"ר)
lozione (f)	mei panim	מֵי פָּנִים (ז"ר)
acqua (f) di Colonia	mei 'bosem	מֵי בּוֹשֶׂם (ז"ר)
ombretto (m)	tslalit	צְלָלִית (נ)
eyeliner (m)	ai 'lainer	אַי לַיינֶר (ז)
mascara (m)	'maskara	מַסְקָרָה (נ)
rossetto (m)	sfaton	שְׂפָתוֹן (ז)

smalto (m)	'laka letsipor'nayim	לַכָּה לְצִיפּוֹרְנַיִים (נ)
lacca (f) per capelli	tarsis lese'ar	תַרְסִיס לְשֵׂיעָר (ז)
deodorante (m)	de'odo'rant	דֶּאוֹדוֹרַנְט (ז)
crema (f)	krem	קְרֶם (ז)
crema (f) per il viso	krem panim	קְרֶם פָּנִים (ז)
crema (f) per le mani	krem ya'dayim	קְרֶם יָדַיִים (ז)
crema (f) antirughe	krem 'neged kmatim	קְרֶם נֶגֶד קְמָטִים (ז)
crema (f) da giorno	krem yom	קְרֶם יוֹם (ז)
crema (f) da notte	krem 'laila	קְרֶם לַיְלָה (ז)
da giorno	yomi	יוֹמִי
da notte	leili	לֵילִי
tampone (m)	tampon	טַמְפּוֹן (ז)
carta (f) igienica	neyar tu'alet	נְייַר טוּאָלֶט (ז)
fon (m)	meyabeʃ se'ar	מְיַיבֵּשׁ שֵׂיעָר (ז)

40. Orologi da polso. Orologio

orologio (m) (~ da polso)	ʃe'on yad	שְׁעוֹן יָד (ז)
quadrante (m)	'luaχ ʃa'on	לוּחַ שָׁעוֹן (ז)
lancetta (f)	maχog	מָחוֹג (ז)
braccialetto (m)	tsamid	צָמִיד (ז)
cinturino (m)	retsu'a leʃa'on	רְצוּעָה לְשָׁעוֹן (נ)
pila (f)	solela	סוֹלְלָה (נ)
essere scarico	lehitroken	לְהִתְרוֹקֵן
cambiare la pila	lehaχlif	לְהַחְלִיף
andare avanti	lemaher	לְמַהֵר
andare indietro	lefager	לְפַגֵּר
orologio (m) da muro	ʃe'on kir	שְׁעוֹן קִיר (ז)
clessidra (f)	ʃe'on χol	שְׁעוֹן חוֹל (ז)
orologio (m) solare	ʃe'on 'ʃemeʃ	שְׁעוֹן שֶׁמֶשׁ (ז)
sveglia (f)	ʃa'on me'orer	שְׁעוֹן מְעוֹרֵר (ז)
orologiaio (m)	ʃa'an	שַׁעָן (ז)
riparare (vt)	letaken	לְתַקֵּן

L'ESPERIENZA QUOTIDIANA

41. Denaro

soldi (m pl)	'kesef	כֶּסֶף (ז)
cambio (m)	hamara	הָמָרָה (נ)
corso (m) di cambio	'ʃa'ar χalifin	שַׁעַר חֲלִיפִין (ז)
bancomat (m)	kaspomat	כַּספּוֹמָט (ז)
moneta (f)	mat'be'a	מַטְבֵּעַ (ז)
dollaro (m)	'dolar	דוֹלָר (ז)
euro (m)	'eiro	אֵירוֹ (ז)
lira (f)	'lira	לִירָה (נ)
marco (m)	mark germani	מַרק גֶּרמָנִי (ז)
franco (m)	frank	פרַנק (ז)
sterlina (f)	'lira 'sterling	לִירָה שטֶרלִינג (נ)
yen (m)	yen	יֵן (ז)
debito (m)	χov	חוֹב (ז)
debitore (m)	'ba'al χov	בַּעַל חוֹב (ז)
prestare (~ i soldi)	lehalvot	לְהַלווֹת
prendere in prestito	lilvot	לִלווֹת
banca (f)	bank	בַּנק (ז)
conto (m)	χeʃbon	חֶשבּוֹן (ז)
versare (vt)	lehafkid	לְהַפקִיד
versare sul conto	lehafkid leχeʃbon	לְהַפקִיד לְחֶשבּוֹן
prelevare dal conto	limʃoχ meχeʃbon	לִמשוֹך מֵחֶשבּוֹן
carta (f) di credito	kartis aʃrai	כַּרטִיס אַשרַאי (ז)
contanti (m pl)	mezuman	מְזוּמָן
assegno (m)	tʃek	צֶ'ק (ז)
emettere un assegno	liχtov tʃek	לִכתוֹב צֶ'ק
libretto (m) di assegni	pinkas 'tʃekim	פִּנקָס צֶ'קִים (ז)
portafoglio (m)	arnak	אַרנָק (ז)
borsellino (m)	arnak lematbe''ot	אַרנָק לְמַטבְּעוֹת (ז)
cassaforte (f)	ka'sefet	כַּסֶפֶת (נ)
erede (m)	yoreʃ	יוֹרֵש (ז)
eredità (f)	yeruʃa	יְרוּשָׁה (נ)
fortuna (f)	'oʃer	עוֹשֶׁר (ז)
affitto (m), locazione (f)	χoze sχirut	חוֹזֶה שׂכִירוּת (ז)
canone (m) d'affitto	sχar dira	שׂכַר דִּירָה (ז)
affittare (dare in affitto)	liskor	לִשׂכּוֹר
prezzo (m)	meχir	מְחִיר (ז)
costo (m)	alut	עֲלוּת (נ)

somma (f)	sχum	סְכוּם (ז)
spendere (vt)	lehotsi	לְהוֹצִיא
spese (f pl)	hotsa'ot	הוֹצָאוֹת (נ"ר)
economizzare (vi, vt)	laχasoχ	לַחֲסוֹךְ
economico (agg)	χesχoni	חֶסְכוֹנִי

pagare (vi, vt)	leʃalem	לְשַׁלֵם
pagamento (m)	taʃlum	תַּשְׁלוּם (ז)
resto (m) (dare il ~)	'odef	עוֹדֶף (ז)

imposta (f)	mas	מַס (ז)
multa (f), ammenda (f)	knas	קְנָס (ז)
multare (vt)	liknos	לִקְנוֹס

42. Posta. Servizio postale

ufficio (m) postale	'do'ar	דוֹאַר (ז)
posta (f) (lettere, ecc.)	'do'ar	דוֹאַר (ז)
postino (m)	davar	דַּוָּר (ז)
orario (m) di apertura	ʃaʿot avoda	שְׁעוֹת עֲבוֹדָה (נ"ר)

lettera (f)	miχtav	מִכְתָּב (ז)
raccomandata (f)	miχtav raʃum	מִכְתָּב רָשׁוּם (ז)
cartolina (f)	gluya	גְלוּיָה (נ)
telegramma (m)	mivrak	מִבְרָק (ז)
pacco (m) postale	χavila	חֲבִילָה (נ)
vaglia (m) postale	haʿavarat ksafim	הַעֲבָרַת כְּסָפִים (נ)

ricevere (vt)	lekabel	לְקַבֵּל
spedire (vt)	liʃloaχ	לִשְׁלוֹחַ
invio (m)	ʃliχa	שְׁלִיחָה (ז)
indirizzo (m)	'ktovet	כְּתוֹבֶת (נ)
codice (m) postale	mikud	מִיקוּד (ז)
mittente (m)	ʃo'leaχ	שׁוֹלֵחַ (ז)
destinatario (m)	nim'an	נִמְעָן (ז)

nome (m)	ʃem prati	שֵׁם פְּרָטִי (ז)
cognome (m)	ʃem miʃpaχa	שֵׁם מִשְׁפָּחָה (ז)
tariffa (f)	ta'arif	תַּעֲרִיף (ז)
ordinario (agg)	ragil	רָגִיל
standard (agg)	χesχoni	חֶסְכוֹנִי

peso (m)	miʃkal	מִשְׁקָל (ז)
pesare (vt)	liʃkol	לִשְׁקוֹל
busta (f)	maʿatafa	מַעֲטָפָה (נ)
francobollo (m)	bul 'do'ar	בּוּל דוֹאַר (ז)
affrancare (vt)	lehadbik bul	לְהַדְבִּיק בּוּל

43. Attività bancaria

| banca (f) | bank | בָּנְק (ז) |
| filiale (f) | snif | סְנִיף (ז) |

| consulente (m) | yo'ets | יוֹעֵץ (ז) |
| direttore (m) | menahel | מְנַהֵל (ז) |

conto (m) bancario	χeʃbon	חֶשְׁבּוֹן (ז)
numero (m) del conto	mispar χeʃbon	מִסְפַּר חֶשְׁבּוֹן (ז)
conto (m) corrente	χeʃbon over vaʃav	חֶשְׁבּוֹן עוֹבֵר וָשָׁב (ז)
conto (m) di risparmio	χeʃbon χisaχon	חֶשְׁבּוֹן חִסָּכוֹן (ז)

aprire un conto	lif'toaχ χeʃbon	לִפְתּוֹחַ חֶשְׁבּוֹן
chiudere il conto	lisgor χeʃbon	לִסְגּוֹר חֶשְׁבּוֹן
versare sul conto	lehafkid leχeʃbon	לְהַפְקִיד לְחֶשְׁבּוֹן
prelevare dal conto	limʃoχ meχeʃbon	לִמְשׁוֹךְ מֵחֶשְׁבּוֹן

deposito (m)	pikadon	פִּיקָדוֹן (ז)
depositare (vt)	lehafkid	לְהַפְקִיד
trasferimento (m) telegrafico	ha'avara banka'it	הַעֲבָרָה בַּנְקָאִית (נ)
rimettere i soldi	leha'avir 'kesef	לְהַעֲבִיר כָּסֶף

| somma (f) | sχum | סְכוּם (ז) |
| Quanto? | 'kama? | כַּמָּה? |

| firma (f) | χatima | חֲתִימָה (נ) |
| firmare (vt) | laχtom | לַחְתּוֹם |

carta (f) di credito	kartis aʃrai	כַּרְטִיס אַשְׁרַאי (ז)
codice (m)	kod	קוֹד (ז)
numero (m) della carta di credito	mispar kartis aʃrai	מִסְפַּר כַּרְטִיס אַשְׁרַאי (ז)
bancomat (m)	kaspomat	כַּסְפּוֹמָט (ז)

assegno (m)	tʃek	צֶ'ק (ז)
emettere un assegno	liχtov tʃek	לִכְתּוֹב צֶ'ק
libretto (m) di assegni	pinkas 'tʃekim	פִּנְקַס צֶ'קִים (ז)

prestito (m)	halva'a	הַלְוָאָה (נ)
fare domanda per un prestito	levakeʃ halva'a	לְבַקֵּשׁ הַלְוָאָה
ottenere un prestito	lekabel halva'a	לְקַבֵּל הַלְוָאָה
concedere un prestito	lehalvot	לְהַלְווֹת
garanzia (f)	arvut	עַרְבוּת (נ)

44. Telefono. Conversazione telefonica

telefono (m)	'telefon	טֶלֶפוֹן (ז)
telefonino (m)	'telefon nayad	טֶלֶפוֹן נַיָּד (ז)
segreteria (f) telefonica	meʃivon	מְשִׁיבוֹן (ז)

| telefonare (vi, vt) | letsaltsel | לְצַלְצֵל |
| chiamata (f) | siχat 'telefon | שִׂיחַת טֶלֶפוֹן (נ) |

comporre un numero	leχayeg mispar	לְחַיֵּג מִסְפָּר
Pronto!	'halo!	הָלוֹ!
chiedere (domandare)	liʃol	לִשְׁאוֹל
rispondere (vi, vt)	la'anot	לַעֲנוֹת
udire (vt)	liʃ'mo'a	לִשְׁמוֹעַ

bene	tov	טוֹב
male	lo tov	לֹא טוֹב
disturbi (m pl)	hafra'ot	הַפְרָעוֹת (נ"ר)

cornetta (f)	ʃfo'feret	שְׁפוֹפֶרֶת (נ)
alzare la cornetta	leharim ʃfo'feret	לְהָרִים שְׁפוֹפֶרֶת
riattaccare la cornetta	leha'niaχ ʃfo'feret	לְהָנִיחַ שְׁפוֹפֶרֶת

occupato (agg)	tafus	תָּפוּס
squillare (del telefono)	letsaltsel	לְצַלְצֵל
elenco (m) telefonico	'sefer tele'fonim	סֵפֶר טֶלֶפוֹנִים (ז)

locale (agg)	mekomi	מְקוֹמִי
telefonata (f) urbana	siχa mekomit	שִׂיחָה מְקוֹמִית (נ)
interurbano (agg)	bein ironi	בֵּין עִירוֹנִי
telefonata (f) interurbana	siχa bein ironit	שִׂיחָה בֵּין עִירוֹנִית (נ)
internazionale (agg)	benle'umi	בֵּינְלְאוּמִי
telefonata (f) internazionale	siχa benle'umit	שִׂיחָה בֵּינְלְאוּמִית (נ)

45. Telefono cellulare

telefonino (m)	'telefon nayad	טֶלֶפוֹן נַיָּיד (ז)
schermo (m)	masaχ	מָסָךְ (ז)
tasto (m)	kaftor	כַּפְתּוֹר (ז)
scheda SIM (f)	kartis sim	כַּרְטִיס סִים (ז)

pila (f)	solela	סוֹלְלָה (נ)
essere scarico	lehitroken	לְהִתְרוֹקֵן
caricabatteria (m)	mit'an	מִטְעָן (ז)

menù (m)	tafrit	תַּפְרִיט (ז)
impostazioni (f pl)	hagdarot	הַגְדָּרוֹת (נ"ר)
melodia (f)	mangina	מַנְגִּינָה (נ)
scegliere (vt)	livχor	לִבְחוֹר

calcolatrice (f)	maχʃevon	מַחְשְׁבוֹן (ז)
segreteria (f) telefonica	ta koli	תָּא קוֹלִי (ז)
sveglia (f)	ʃa'on me'orer	שָׁעוֹן מְעוֹרֵר (ז)
contatti (m pl)	anʃei 'keʃer	אַנְשֵׁי קֶשֶׁר (ז"ר)

| messaggio (m) SMS | misron | מִסְרוֹן (ז) |
| abbonato (m) | manui | מָנוּי (ז) |

46. Articoli di cancelleria

| penna (f) a sfera | et kaduri | עֵט כַּדּוּרִי (ז) |
| penna (f) stilografica | et no've'a | עֵט נוֹבֵעַ (ז) |

matita (f)	iparon	עִיפָּרוֹן (ז)
evidenziatore (m)	'marker	מַרְקֵר (ז)
pennarello (m)	tuʃ	טוּשׁ (ז)
taccuino (m)	pinkas	פִּנְקָס (ז)

agenda (f)	yoman	יוֹמָן (ז)
righello (m)	sargel	סַרְגֵּל (ז)
calcolatrice (f)	maxʃevon	מַחְשְׁבוֹן (ז)
gomma (f) per cancellare	'maxak	מַחַק (ז)
puntina (f)	'na'ats	נַעַץ (ז)
graffetta (f)	mehadek	מְהַדֵּק (ז)

colla (f)	'devek	דֶּבֶק (ז)
pinzatrice (f)	ʃadxan	שַׁדְכָן (ז)
perforatrice (f)	menakev	מְנַקֵּב (ז)
temperamatite (m)	maxded	מַחְדֵּד (ז)

47. Lingue straniere

lingua (f)	safa	שָׂפָה (נ)
straniero (agg)	zar	זָר
lingua (f) straniera	safa zara	שָׂפָה זָרָה (נ)
studiare (vt)	lilmod	לִלְמֹד
imparare (una lingua)	lilmod	לִלְמֹד

leggere (vi, vt)	likro	לִקְרֹא
parlare (vi, vt)	ledaber	לְדַבֵּר
capire (vt)	lehavin	לְהָבִין
scrivere (vi, vt)	lixtov	לִכְתֹּב

rapidamente	maher	מַהֵר
lentamente	le'at	לְאַט
correntemente	xofʃi	חוֹפְשִׁי

regole (f pl)	klalim	כְּלָלִים (ז"ר)
grammatica (f)	dikduk	דִּקְדּוּק (ז)
lessico (m)	otsar milim	אוֹצַר מִילִים (ז)
fonetica (f)	torat ha'hege	תּוֹרַת הַהֶגֶה (נ)

manuale (m)	'sefer limud	סֵפֶר לִימוּד (ז)
dizionario (m)	milon	מִילוֹן (ז)
manuale (m) autodidattico	'sefer lelimud atsmi	סֵפֶר לְלִימוּד עַצְמִי (ז)
frasario (m)	sixon	שִׂיחוֹן (ז)

cassetta (f)	ka'letet	קַלֶּטֶת (נ)
videocassetta (f)	ka'letet 'vide'o	קַלֶּטֶת וִידֵיאוֹ (נ)
CD (m)	taklitor	תַּקְלִיטוֹר (ז)
DVD (m)	di vi di	דִּי. וִי. דִּי. (ז)

alfabeto (m)	alefbeit	אָלֶפְבֵּית (ז)
compitare (vt)	le'ayet	לְאַיֵּת
pronuncia (f)	hagiya	הֲגִיָּה (נ)

accento (m)	mivta	מִבְטָא (ז)
con un accento	im mivta	עִם מִבְטָא
senza accento	bli mivta	בְּלִי מִבְטָא

| vocabolo (m) | mila | מִילָה (נ) |
| significato (m) | maʃma'ut | מַשְׁמָעוּת (נ) |

corso (m) (~ di francese)	kurs	קוּרס (ז)
iscriversi (vr)	leheraſem lekurs	לְהֵירָשֵׁם לְקוּרס
insegnante (m, f)	more	מוֹרֶה (ז)
traduzione (f) (fare una ~)	tirgum	תִּרגוּם (ז)
traduzione (f) (un testo)	tirgum	תִּרגוּם (ז)
traduttore (m)	metargem	מְתַרגֵם (ז)
interprete (m)	meturgeman	מְתוּרגְמָן (ז)
poliglotta (m)	poliglot	פּוֹלִיגלוֹט (ז)
memoria (f)	zikaron	זִיכָּרוֹן (ז)

PASTI. RISTORANTE

48. Preparazione della tavola

cucchiaio (m)	kaf	כַּף (ז)
coltello (m)	sakin	סַכִּין (ז, נ)
forchetta (f)	mazleg	מַזְלֵג (ז)
tazza (f)	'sefel	סֵפֶל (ז)
piatto (m)	tsa'laχat	צַלַּחַת (נ)
piattino (m)	taχtit	תַּחְתִּית (נ)
tovagliolo (m)	mapit	מַפִּית (נ)
stuzzicadenti (m)	keisam ʃi'nayim	קֵיסָם שִׁינַּיִם (ז)

49. Ristorante

ristorante (m)	mis'ada	מִסְעָדָה (נ)
caffè (m)	beit kafe	בֵּית קָפֶה (ז)
pub (m), bar (m)	bar, pab	בָּר, פָּאבּ (ז)
sala (f) da tè	beit te	בֵּית תֵּה (ז)
cameriere (m)	meltsar	מֶלְצָר (ז)
cameriera (f)	meltsarit	מֶלְצָרִית (נ)
barista (m)	'barmen	בַּרְמָן (ז)
menù (m)	tafrit	תַּפְרִיט (ז)
lista (f) dei vini	reʃimat yeynot	רְשִׁימַת יֵינוֹת (נ)
prenotare un tavolo	lehazmin ʃulχan	לְהַזְמִין שׁוּלְחָן
piatto (m)	mana	מָנָה (נ)
ordinare (~ il pranzo)	lehazmin	לְהַזְמִין
fare un'ordinazione	lehazmin	לְהַזְמִין
aperitivo (m)	maʃke meta'aven	מַשְׁקֶה מִתְאַבֵּן (ז)
antipasto (m)	meta'aven	מִתְאַבֵּן (ז)
dolce (m)	ki'nuaχ	קִינּוּחַ (ז)
conto (m)	χeʃbon	חֶשְׁבּוֹן (ז)
pagare il conto	leʃalem	לְשַׁלֵּם
dare il resto	latet 'odef	לָתֵת עוֹדֶף
mancia (f)	tip	טִיפּ (ז)

50. Pasti

cibo (m)	'oχel	אוֹכֶל (ז)
mangiare (vi, vt)	le'eχol	לֶאֱכוֹל

colazione (f)	aruxat 'boker	אֲרוּחַת בּוֹקֶר (נ)
fare colazione	le'exol aruxat 'boker	לֶאֱכוֹל אֲרוּחַת בּוֹקֶר
pranzo (m)	aruxat tsaha'rayim	אֲרוּחַת צָהֳרַיִים (נ)
pranzare (vi)	le'exol aruxat tsaha'rayim	לֶאֱכוֹל אֲרוּחַת צָהֳרַיִים
cena (f)	aruxat 'erev	אֲרוּחַת עֶרֶב (נ)
cenare (vi)	le'exol aruxat 'erev	לֶאֱכוֹל אֲרוּחַת עֶרֶב
appetito (m)	te'avon	תֵּיאָבוֹן (ז)
Buon appetito!	betei'avon!	בְּתֵיאָבוֹן!
aprire (vt)	lif'toax	לִפְתּוֹחַ
rovesciare (~ il vino, ecc.)	liſpox	לִשְׁפּוֹךְ
rovesciarsi (vr)	lehiſapex	לְהִישָׁפֵךְ
bollire (vi)	lir'toax	לִרְתּוֹחַ
far bollire	lehar'tiax	לְהַרְתִּיחַ
bollito (agg)	ra'tuax	רָתוּחַ
raffreddare (vt)	lekarer	לְקָרֵר
raffreddarsi (vr)	lehitkarer	לְהִתְקָרֵר
gusto (m)	'ta'am	טַעַם (ז)
retrogusto (m)	'ta'am levai	טַעַם לְוַואי (ז)
essere a dieta	lirzot	לִרְזוֹת
dieta (f)	di''eta	דִּיאָטָה (נ)
vitamina (f)	vitamin	וִיטָמִין (ז)
caloria (f)	ka'lorya	קָלוֹרִיָה (נ)
vegetariano (m)	tsimxoni	צִמְחוֹנִי (ז)
vegetariano (agg)	tsimxoni	צִמְחוֹנִי
grassi (m pl)	ſumanim	שׁוּמָנִים (ז"ר)
proteine (f pl)	xelbonim	חֶלְבּוֹנִים (ז"ר)
carboidrati (m pl)	paxmema	פַּחְמֵימָה (נ)
fetta (f), fettina (f)	prusa	פְּרוּסָה (נ)
pezzo (m) (~ di torta)	xatixa	חֲתִיכָה (נ)
briciola (f) (~ di pane)	perur	פֵּירוּר (ז)

51. Pietanze cucinate

piatto (m) (~ principale)	mana	מָנָה (נ)
cucina (f)	mitbax	מִטְבָּח (ז)
ricetta (f)	matkon	מַתְכּוֹן (ז)
porzione (f)	mana	מָנָה (נ)
insalata (f)	salat	סָלָט (ז)
minestra (f)	marak	מָרָק (ז)
brodo (m)	marak tsax, tsir	מָרָק צַח, צִיר (ז)
panino (m)	karix	כָּרִיךְ (ז)
uova (f pl) al tegamino	beitsat ain	בֵּיצַת עַיִן (נ)
hamburger (m)	'hamburger	הַמְבּוּרְגֵר (ז)
bistecca (f)	umtsa, steik	אוּמְצָה (נ), סְטֵייק (ז)
contorno (m)	to'sefet	תּוֹסֶפֶת (נ)

spaghetti (m pl)	spa'geti	סְפָּגֶטִי (ז)
purè (m) di patate	meχit tapuχei adama	מְחִית תַּפּוּחֵי אֲדָמָה (נ)
pizza (f)	'pitsa	פִּיצָה (נ)
porridge (m)	daysa	דַּיְסָה (נ)
frittata (f)	χavita	חֲבִיתָה (נ)

bollito (agg)	mevuʃal	מְבוּשָׁל
affumicato (agg)	me'uʃan	מְעוּשָׁן
fritto (agg)	metugan	מְטוּגָּן
secco (agg)	meyubaʃ	מְיוּבָּשׁ
congelato (agg)	kafu	קָפוּא
sottoaceto (agg)	kavuʃ	כָּבוּשׁ

dolce (gusto)	matok	מָתוֹק
salato (agg)	ma'luaχ	מָלוּחַ
freddo (agg)	kar	קַר
caldo (agg)	χam	חַם
amaro (agg)	marir	מָרִיר
buono, gustoso (agg)	ta'im	טָעִים

cuocere, preparare (vt)	levaʃel be'mayim rotχim	לְבַשֵּׁל בְּמַיִם רוֹתְחִים
cucinare (vi)	levaʃel	לְבַשֵּׁל
friggere (vt)	letagen	לְטַגֵּן
riscaldare (vt)	leχamem	לְחַמֵּם

salare (vt)	leham'liaχ	לְהַמְלִיחַ
pepare (vt)	lefalpel	לְפַלְפֵּל
grattugiare (vt)	lerasek	לְרַסֵּק
buccia (f)	klipa	קְלִיפָּה (נ)
sbucciare (vt)	lekalef	לְקַלֵּף

52. Cibo

carne (f)	basar	בָּשָׂר (ז)
pollo (m)	of	עוֹף (ז)
pollo (m) novello	pargit	פַּרְגִּית (נ)
anatra (f)	barvaz	בַּרְוָז (ז)
oca (f)	avaz	אֲוָז (ז)
cacciagione (f)	'tsayid	צַיִד (ז)
tacchino (m)	'hodu	הֹדוּ (ז)

maiale (m)	basar χazir	בָּשָׂר חֲזִיר (ז)
vitello (m)	basar 'egel	בָּשָׂר עֵגֶל (ז)
agnello (m)	basar 'keves	בָּשָׂר כֶּבֶשׂ (ז)
manzo (m)	bakar	בָּקָר (ז)
coniglio (m)	arnav	אַרְנָב (ז)

salame (m)	naknik	נַקְנִיק (ז)
w?rstel (m)	naknikiya	נַקְנִיקִיָּה (נ)
pancetta (f)	'kotel χazir	קוֹתֶל חֲזִיר (ז)
prosciutto (m)	basar χazir me'uʃan	בָּשָׂר חֲזִיר מְעוּשָׁן (ז)
prosciutto (m) affumicato	'kotel χazir me'uʃan	קוֹתֶל חֲזִיר מְעוּשָׁן (ז)
pâté (m)	pate	פָּטֶה (ז)
fegato (m)	kaved	כָּבֵד (ז)

carne (f) trita	basar taχun	בָּשָׂר טָחוּן (ז)
lingua (f)	laʃon	לָשׁוֹן (נ)
uovo (m)	beitsa	בֵּיצָה (נ)
uova (f pl)	beitsim	בֵּיצִים (נ"ר)
albume (m)	χelbon	חֶלְבּוֹן (ז)
tuorlo (m)	χelmon	חֶלְמוֹן (ז)
pesce (m)	dag	דָג (ז)
frutti (m pl) di mare	perot yam	פֵּירוֹת יָם (ז"ר)
crostacei (m pl)	sartana'im	סַרְטָנָאִים (ז"ר)
caviale (m)	kavyar	קָוְיָאר (ז)
granchio (m)	sartan yam	סַרְטָן יָם (ז)
gamberetto (m)	ʃrimps	שְׁרִימְפְּס (ז"ר)
ostrica (f)	tsidpat ma'aχal	צִדְפַּת מַאֲכָל (נ)
aragosta (f)	'lobster koʦani	לוֹבְּסְטֶר קוֹצָנִי (ז)
polpo (m)	tamnun	תַּמְנוּן (ז)
calamaro (m)	kala'mari	קָלָמָארִי (ז)
storione (m)	basar haχidkan	בָּשָׂר הַחִדְקָן (ז)
salmone (m)	'salmon	סַלְמוֹן (ז)
ippoglosso (m)	putit	פּוּטִית (נ)
merluzzo (m)	ʃibut	שִׁיבּוּט (ז)
scombro (m)	kolyas	קוֹלְיָס (ז)
tonno (m)	'tuna	טוּנָה (נ)
anguilla (f)	tslofaχ	צְלוֹפָח (ז)
trota (f)	forel	פוֹרֶל (ז)
sardina (f)	sardin	סַרְדִּין (ז)
luccio (m)	ze'ev 'mayim	זְאֵב מַיִם (ז)
aringa (f)	ma'liaχ	מָלִיחַ (ז)
pane (m)	'leχem	לֶחֶם (ז)
formaggio (m)	gvina	גְבִינָה (נ)
zucchero (m)	sukar	סוּכָּר (ז)
sale (m)	'melaχ	מֶלַח (ז)
riso (m)	'orez	אוֹרֶז (ז)
pasta (f)	'pasta	פַּסְטָה (נ)
tagliatelle (f pl)	irtiyot	אִטְרִיּוֹת (נ"ר)
burro (m)	χem'a	חֶמְאָה (נ)
olio (m) vegetale	'ʃemen tsimχi	שֶׁמֶן צִמְחִי (ז)
olio (m) di girasole	'ʃemen χamaniyot	שֶׁמֶן חַמָּנִיּוֹת (ז)
margarina (f)	marga'rina	מַרְגָרִינָה (נ)
olive (f pl)	zeitim	זֵיתִים (ז"ר)
olio (m) d'oliva	'ʃemen 'zayit	שֶׁמֶן זַיִת (ז)
latte (m)	χalav	חָלָב (ז)
latte (m) condensato	χalav merukaz	חָלָב מְרוּכָּז (ז)
yogurt (m)	'yogurt	יוֹגוּרְט (ז)
panna (f) acida	ʃa'menet	שַׁמֶּנֶת (נ)
panna (f)	ʃa'menet	שַׁמֶּנֶת (נ)

maionese (m)	mayonez	מָיוֹנֶז (ז)
crema (f)	ka'tsefet xem'a	קַצֶּפֶת חֶמְאָה (נ)
cereali (m pl)	grisim	גְּרִיסִים (ז"ר)
farina (f)	'kemax	קֶמַח (ז)
cibi (m pl) in scatola	ʃimurim	שִׁימּוּרִים (ז"ר)
fiocchi (m pl) di mais	ptitei 'tiras	פְּתִיתֵי תִּירָס (ז"ר)
miele (m)	dvaʃ	דְּבַשׁ (ז)
marmellata (f)	riba	רִיבָּה (נ)
gomma (f) da masticare	'mastik	מַסְטִיק (ז)

53. Bevande

acqua (f)	'mayim	מַיִם (ז"ר)
acqua (f) potabile	mei ʃtiya	מֵי שְׁתִיָּה (ז"ר)
acqua (f) minerale	'mayim mine'raliyim	מַיִם מִינֵרָלִיִּים (ז"ר)
liscia (non gassata)	lo mugaz	לֹא מוּגָז
gassata (agg)	mugaz	מוּגָז
frizzante (agg)	mugaz	מוּגָז
ghiaccio (m)	'kerax	קֶרַח (ז)
con ghiaccio	im 'kerax	עִם קֶרַח
analcolico (agg)	natul alkohol	נָטוּל אַלְכּוֹהוֹל
bevanda (f) analcolica	maʃke kal	מַשְׁקֶה קַל (ז)
bibita (f)	maʃke mera'anen	מַשְׁקֶה מְרַעֲנֵן (ז)
limonata (f)	limo'nada	לִימוֹנָדָה (נ)
bevande (f pl) alcoliche	maʃka'ot xarifim	מַשְׁקָאוֹת חָרִיפִים (ז"ר)
vino (m)	'yayin	יַיִן (ז)
vino (m) bianco	'yayin lavan	יַיִן לָבָן (ז)
vino (m) rosso	'yayin adom	יַיִן אָדוֹם (ז)
liquore (m)	liker	לִיקֵר (ז)
champagne (m)	ʃam'panya	שַׁמְפַּנְיָה (נ)
vermouth (m)	'vermut	וֶרְמוּט (ז)
whisky	'viski	וִיסְקִי (ז)
vodka (f)	'vodka	וֹודְקָה (נ)
gin (m)	dʒin	גִ'ין (ז)
cognac (m)	'konyak	קוֹנְיָאק (ז)
rum (m)	rom	רוֹם (ז)
caffè (m)	kafe	קָפֶה (ז)
caffè (m) nero	kafe ʃaxor	קָפֶה שָׁחוֹר (ז)
caffè latte (m)	kafe hafux	קָפֶה הָפוּךְ (ז)
cappuccino (m)	kapu'tʃino	קָפוּצִ'ינוֹ (ז)
caffè (m) solubile	kafe names	קָפֶה נָמֵס (ז)
latte (m)	xalav	חָלָב (ז)
cocktail (m)	kokteil	קוֹקְטֵיל (ז)
frullato (m)	'milkʃeik	מִילְקְשֵׁייק (ז)
succo (m)	mits	מִיץ (ז)

succo (m) di pomodoro	mits agvaniyot	מִיץ עַגְבָנִיּוֹת (ז)
succo (m) d'arancia	mits tapuzim	מִיץ תַּפּוּזִים (ז)
spremuta (f)	mits saχut	מִיץ סָחוּט (ז)
birra (f)	'bira	בִּירָה (נ)
birra (f) chiara	'bira bahira	בִּירָה בָּהִירָה (נ)
birra (f) scura	'bira keha	בִּירָה כֵּהָה (נ)
tè (m)	te	תֵּה (ז)
tè (m) nero	te ʃaχor	תֵּה שָׁחוֹר (ז)
tè (m) verde	te yarok	תֵּה יָרוֹק (ז)

54. Verdure

ortaggi (m pl)	yerakot	יְרָקוֹת (ז"ר)
verdura (f)	'yerek	יָרָק (ז)
pomodoro (m)	agvaniya	עַגְבָנִיָּה (נ)
cetriolo (m)	melafefon	מְלָפְפוֹן (ז)
carota (f)	'gezer	גֶּזֶר (ז)
patata (f)	ta'puaχ adama	תַּפּוּחַ אֲדָמָה (ז)
cipolla (f)	batsal	בָּצָל (ז)
aglio (m)	ʃum	שׁוּם (ז)
cavolo (m)	kruv	כְּרוּב (ז)
cavolfiore (m)	kruvit	כְּרוּבִית (נ)
cavoletti (m pl) di Bruxelles	kruv nitsanim	כְּרוּב נִצָּנִים (ז)
broccolo (m)	'brokoli	בְּרוֹקוֹלִי (ז)
barbabietola (f)	'selek	סֶלֶק (ז)
melanzana (f)	χatsil	חָצִיל (ז)
zucchina (f)	kiʃu	קִישּׁוּא (ז)
zucca (f)	'dla'at	דְּלַעַת (נ)
rapa (f)	'lefet	לֶפֶת (נ)
prezzemolo (m)	petro'zilya	פֶּטְרוֹזִילְיָה (נ)
aneto (m)	ʃamir	שָׁמִיר (ז)
lattuga (f)	'χasa	חַסָּה (נ)
sedano (m)	'seleri	סֶלֶרִי (ז)
asparago (m)	aspa'ragos	אַסְפָּרָגוֹס (ז)
spinaci (m pl)	'tered	תֶּרֶד (ז)
pisello (m)	afuna	אֲפוּנָה (נ)
fave (f pl)	pol	פּוֹל (ז)
mais (m)	'tiras	תִּירָס (ז)
fagiolo (m)	ʃu'it	שְׁעוּעִית (נ)
peperone (m)	'pilpel	פִּלְפֵּל (ז)
ravanello (m)	tsnonit	צְנוֹנִית (נ)
carciofo (m)	artiʃok	אַרְטִישׁוֹק (ז)

55. Frutta. Noci

frutto (m)	pri	פְּרִי (ז)
mela (f)	ta'puax	תַּפּוּחַ (ז)
pera (f)	agas	אַגָּס (ז)
limone (m)	limon	לִימוֹן (ז)
arancia (f)	tapuz	תַּפּוּז (ז)
fragola (f)	tut sade	תּוּת שָׂדֶה (ז)
mandarino (m)	klemen'tina	קְלֶמֶנְטִינָה (נ)
prugna (f)	ʃezif	שְׁזִיף (ז)
pesca (f)	afarsek	אֲפַרְסֵק (ז)
albicocca (f)	'miʃmeʃ	מִשְׁמֵשׁ (ז)
lampone (m)	'petel	פֶּטֶל (ז)
ananas (m)	'ananas	אָנָנָס (ז)
banana (f)	ba'nana	בָּנָנָה (נ)
anguria (f)	ava'tiax	אֲבַטִּיחַ (ז)
uva (f)	anavim	עֲנָבִים (ז"ר)
amarena (f)	duvdevan	דּוּבְדְּבָן (ז)
ciliegia (f)	gudgedan	גּוּדְגְּדָן (ז)
melone (m)	melon	מֶלוֹן (ז)
pompelmo (m)	eʃkolit	אֶשְׁכּוֹלִית (נ)
avocado (m)	avo'kado	אָבוֹקָדוֹ (ז)
papaia (f)	pa'paya	פַּפָּאיָה (נ)
mango (m)	'mango	מַנְגּוֹ (ז)
melagrana (f)	rimon	רִימוֹן (ז)
ribes (m) rosso	dumdemanit aduma	דּוּמְדְּמָנִית אֲדוּמָה (נ)
ribes (m) nero	dumdemanit ʃxora	דּוּמְדְּמָנִית שְׁחוֹרָה (נ)
uva (f) spina	xazarzar	חֲזַרְזַר (ז)
mirtillo (m)	uxmanit	אוּכְמָנִית (נ)
mora (f)	'petel ʃaxor	פֶּטֶל שָׁחוֹר (ז)
uvetta (f)	tsimukim	צִימּוּקִים (ז"ר)
fico (m)	te'ena	תְּאֵנָה (נ)
dattero (m)	tamar	תָּמָר (ז)
arachide (f)	botnim	בּוֹטְנִים (ז"ר)
mandorla (f)	ʃaked	שָׁקֵד (ז)
noce (f)	egoz 'melex	אֱגוֹז מֶלֶךְ (ז)
nocciola (f)	egoz ilsar	אֱגוֹז אִלְסָר (ז)
noce (f) di cocco	'kokus	קוֹקוּס (ז)
pistacchi (m pl)	'fistuk	פִּיסְטוּק (ז)

56. Pane. Dolci

pasticceria (f)	mutsrei kondi'torya	מוּצְרֵי קוֹנְדִיטוֹרְיָה (ז"ר)
pane (m)	'lexem	לֶחֶם (ז)
biscotti (m pl)	ugiya	עוּגִיָּה (נ)
cioccolato (m)	'ʃokolad	שׁוֹקוֹלָד (ז)
al cioccolato (agg)	mi'ʃokolad	מְשׁוֹקוֹלָד

caramella (f)	sukariya	סֻכָּרְיָה (נ)
tortina (f)	uga	עוּגָה (נ)
torta (f)	uga	עוּגָה (נ)

| crostata (f) | pai | פַּאי (ז) |
| ripieno (m) | milui | מִילוּי (ז) |

marmellata (f)	riba	רִיבָּה (נ)
marmellata (f) di agrumi	marme'lada	מַרְמֶלָדָה (נ)
wafer (m)	'vaflim	וָפְלִים (ז"ר)
gelato (m)	'glida	גְלִידָה (נ)
budino (m)	'puding	פּוּדִינג (ז)

57. Spezie

sale (m)	'melaχ	מֶלַח (ז)
salato (agg)	ma'luaχ	מָלוּחַ
salare (vt)	leham'liaχ	לְהַמְלִיחַ

pepe (m) nero	'pilpel ʃaχor	פִּלְפֵּל שָׁחוֹר (ז)
peperoncino (m)	'pilpel adom	פִּלְפֵּל אָדוֹם (ז)
senape (f)	χardal	חַרְדָּל (ז)
cren (m)	χa'zeret	חֲזֶרֶת (נ)

condimento (m)	'rotev	רוֹטֶב (ז)
spezie (f pl)	tavlin	תַבְלִין (ז)
salsa (f)	'rotev	רוֹטֶב (ז)
aceto (m)	'χomets	חוֹמֶץ (ז)

anice (m)	kamnon	כַּמְנוֹן (ז)
basilico (m)	reχan	רֵיחָן (ז)
chiodi (m pl) di garofano	tsi'poren	צִיפּוֹרֶן (ז)
zenzero (m)	'dʒindʒer	ג'ינג'ר (ז)
coriandolo (m)	'kusbara	כּוּסְבָּרָה (נ)
cannella (f)	kinamon	קִינָמוֹן (ז)

sesamo (m)	'ʃumʃum	שׁוּמְשׁוּם (ז)
alloro (m)	ale dafna	עֲלֵה דַפְנָה (ז)
paprica (f)	'paprika	פַּפְּרִיקָה (נ)
cumino (m)	'kimel	קִימֶל (ז)
zafferano (m)	ze'afran	זַעֲפְרָן (ז)

INFORMAZIONI PERSONALI. FAMIGLIA

58. Informazioni personali. Moduli

nome (m)	ʃem	שֵׁם (ז)
cognome (m)	ʃem miʃpaχa	שֵׁם מִשְׁפָּחָה (ז)
data (f) di nascita	ta'ariχ leda	תַּאֲרִיךְ לֵידָה (ז)
luogo (m) di nascita	mekom leda	מְקוֹם לֵידָה (ז)
nazionalità (f)	le'om	לְאוֹם (ז)
domicilio (m)	mekom megurim	מְקוֹם מְגוּרִים (ז)
paese (m)	medina	מְדִינָה (נ)
professione (f)	mik'tso'a	מִקְצוֹעַ (ז)
sesso (m)	min	מִין (ז)
statura (f)	'gova	גּוֹבַהּ (ז)
peso (m)	miʃkal	מִשְׁקָל (ז)

59. Membri della famiglia. Parenti

madre (f)	em	אֵם (נ)
padre (m)	av	אָב (ז)
figlio (m)	ben	בֵּן (ז)
figlia (f)	bat	בַּת (נ)
figlia (f) minore	habat haktana	הַבַּת הַקְּטַנָּה (נ)
figlio (m) minore	haben hakatan	הַבֵּן הַקָּטָן (ז)
figlia (f) maggiore	habat habχora	הַבַּת הַבְּכוֹרָה (נ)
figlio (m) maggiore	haben habχor	הַבֵּן הַבְּכוֹר (ז)
fratello (m)	aχ	אָח (ז)
fratello (m) maggiore	aχ gadol	אָח גָּדוֹל (ז)
fratello (m) minore	aχ katan	אָח קָטָן (ז)
sorella (f)	aχot	אָחוֹת (נ)
sorella (f) maggiore	aχot gdola	אָחוֹת גְדוֹלָה (נ)
sorella (f) minore	aχot ktana	אָחוֹת קְטַנָּה (נ)
cugino (m)	ben dod	בֶּן דּוֹד (ז)
cugina (f)	bat 'doda	בַּת דּוֹדָה (נ)
mamma (f)	'ima	אִמָּא (נ)
papà (m)	'aba	אַבָּא (ז)
genitori (m pl)	horim	הוֹרִים (ז"ר)
bambino (m)	'yeled	יֶלֶד (ז)
bambini (m pl)	yeladim	יְלָדִים (ז"ר)
nonna (f)	'savta	סָבְתָא (נ)
nonno (m)	'saba	סָבָּא (ז)
nipote (m) (figlio di un figlio)	'neχed	נֶכֶד (ז)

nipote (f)	neχda	נֶכְדָּה (נ)
nipoti (pl)	neχadim	נְכָדִים (ז"ר)
zio (m)	dod	דּוֹד (ז)
zia (f)	'doda	דּוֹדָה (נ)
nipote (m) (figlio di un fratello)	aχyan	אַחְיָין (ז)
nipote (f)	aχyanit	אַחְיָינִית (נ)
suocera (f)	χamot	חָמוֹת (נ)
suocero (m)	χam	חָם (ז)
genero (m)	χatan	חָתָן (ז)
matrigna (f)	em χoreget	אֵם חוֹרֶגֶת (נ)
patrigno (m)	av χoreg	אָב חוֹרֵג (ז)
neonato (m)	tinok	תִּינוֹק (ז)
infante (m)	tinok	תִּינוֹק (ז)
bimbo (m), ragazzino (m)	pa'ot	פָּעוֹט (ז)
moglie (f)	iʃa	אִשָּׁה (נ)
marito (m)	'ba'al	בַּעַל (ז)
coniuge (m)	ben zug	בֶּן זוּג (ז)
coniuge (f)	bat zug	בַּת זוּג (נ)
sposato (agg)	nasui	נָשׂוּי
sposata (agg)	nesu'a	נְשׂוּאָה
celibe (agg)	ravak	רַוָּק
scapolo (m)	ravak	רַוָּק (ז)
divorziato (agg)	garuʃ	גָּרוּשׁ
vedova (f)	almana	אַלְמָנָה (נ)
vedovo (m)	alman	אַלְמָן (ז)
parente (m)	karov miʃpaχa	קָרוֹב מִשְׁפָּחָה (ז)
parente (m) stretto	karov miʃpaχa	קָרוֹב מִשְׁפָּחָה (ז)
parente (m) lontano	karov raχok	קָרוֹב רָחוֹק (ז)
parenti (m pl)	krovei miʃpaχa	קְרוֹבֵי מִשְׁפָּחָה (ז"ר)
orfano (m)	yatom	יָתוֹם (ז)
orfana (f)	yetoma	יְתוֹמָה (נ)
tutore (m)	apo'tropos	אַפּוֹטְרוֹפּוֹס (ז)
adottare (~ un bambino)	le'amets	לְאַמֵּץ
adottare (~ una bambina)	le'amets	לְאַמֵּץ

60. Amici. Colleghi

amico (m)	χaver	חָבֵר (ז)
amica (f)	χavera	חֲבֵרָה (נ)
amicizia (f)	yedidut	יְדִידוּת (נ)
essere amici	lihyot yadidim	לִהְיוֹת יָדִידִים
partner (m)	ʃutaf	שׁוּתָף (ז)
capo (m)	menahel, roʃ	מְנַהֵל (ז), רֹאשׁ (ז)
capo (m), superiore (m)	memune	מְמוּנֶה (ז)
proprietario (m)	be'alim	בְּעָלִים (ז)
subordinato (m)	kafuf le	כָּפוּף לְ (ז)

collega (m)	amit	עָמִית (ז)
conoscente (m)	makar	מַכָּר (ז)
compagno (m) di viaggio	ben levaya	בֶּן לְוָיָה (ז)
compagno (m) di classe	xaver lekita	חָבֵר לְכִּיתָה (ז)
vicino (m)	ʃaxen	שָׁכֵן (ז)
vicina (f)	ʃxena	שְׁכֵנָה (נ)
vicini (m pl)	ʃxenim	שְׁכֵנִים (ז"ר)

CORPO UMANO. MEDICINALI

61. Testa

italiano	traslitterazione	ebraico
testa (f)	roʃ	רֹאשׁ (ז)
viso (m)	panim	פָּנִים (ז"ר)
naso (m)	af	אַף (ז)
bocca (f)	pe	פֶּה (ז)
occhio (m)	'ayin	עַיִן (נ)
occhi (m pl)	ei'nayim	עֵינַיִים (נ"ר)
pupilla (f)	iʃon	אִישׁוֹן (ז)
sopracciglio (m)	gaba	גַּבָּה (נ)
ciglio (m)	ris	רִיס (ז)
palpebra (f)	af'af	עַפְעַף (ז)
lingua (f)	laʃon	לָשׁוֹן (נ)
dente (m)	ʃen	שֵׁן (נ)
labbra (f pl)	sfa'tayim	שְׂפָתַיִים (נ"ר)
zigomi (m pl)	atsamot leχa'yayim	עַצְמוֹת לְחָיַיִם (נ"ר)
gengiva (f)	χani'χayim	חֲנִיכַיִים (ז"ר)
palato (m)	χeχ	חֵךְ (ז)
narici (f pl)	neχi'rayim	נְחִירַיִים (ז"ר)
mento (m)	santer	סַנְטֵר (ז)
mascella (f)	'leset	לֶסֶת (נ)
guancia (f)	'leχi	לְחִי (נ)
fronte (f)	'metsaχ	מֵצַח (ז)
tempia (f)	raka	רַקָּה (נ)
orecchio (m)	'ozen	אוֹזֶן (נ)
nuca (f)	'oref	עוֹרֶף (ז)
collo (m)	tsavar	צַוָּאר (ז)
gola (f)	garon	גָּרוֹן (ז)
capelli (m pl)	se'ar	שֵׂעָר (ז)
pettinatura (f)	tis'roket	תִּסְרוֹקֶת (נ)
taglio (m)	tis'poret	תִּסְפּוֹרֶת (נ)
parrucca (f)	pe'a	פֵּאָה (נ)
baffi (m pl)	safam	שָׂפָם (ז)
barba (f)	zakan	זָקָן (ז)
portare (~ la barba, ecc.)	legadel	לְגַדֵּל
treccia (f)	tsama	צַמָּה (נ)
basette (f pl)	pe'ot leχa'yayim	פֵּאוֹת לְחָיַיִם (נ"ר)
rosso (agg)	'dʒindʒi	גִ'ינגִ'י
brizzolato (agg)	kasuf	כָּסוּף
calvo (agg)	ke'reaχ	קֵירֵחַ
calvizie (f)	ka'raχat	קָרַחַת (נ)

| coda (f) di cavallo | 'kuku | קוּקוּ (ז) |
| frangetta (f) | 'poni | פּוֹנִי (ז) |

62. Corpo umano

| mano (f) | kaf yad | כַּף יָד (נ) |
| braccio (m) | yad | יָד (נ) |

dito (m)	'etsba	אֶצְבַּע (נ)
dito (m) del piede	'bohen	בּוֹהֶן (נ)
pollice (m)	agudal	אֲגוּדָל (ז)
mignolo (m)	'zeret	זֶרֶת (נ)
unghia (f)	tsi'poren	צִיפּוֹרֶן (נ)

pugno (m)	egrof	אֶגְרוֹף (ז)
palmo (m)	kaf yad	כַּף יָד (נ)
polso (m)	ʃoreʃ kaf hayad	שׁוֹרֶשׁ כַּף הַיָד (ז)
avambraccio (m)	ama	אַמָה (נ)
gomito (m)	marpek	מַרְפֵּק (ז)
spalla (f)	katef	כָּתֵף (נ)

gamba (f)	'regel	רֶגֶל (נ)
pianta (f) del piede	kaf 'regel	כַּף רֶגֶל (נ)
ginocchio (m)	'berex	בֶּרֶךְ (נ)
polpaccio (m)	ʃok	שׁוֹק (נ)
anca (f)	yarex	יָרֵךְ (נ)
tallone (m)	akev	עָקֵב (ז)

corpo (m)	guf	גוּף (ז)
pancia (f)	'beten	בֶּטֶן (נ)
petto (m)	xaze	חָזֶה (ז)
seno (m)	ʃad	שַׁד (ז)
fianco (m)	tsad	צַד (ז)
schiena (f)	gav	גַב (ז)
zona (f) lombare	mot'nayim	מוֹתְנַיִים (ז"ר)
vita (f)	'talya	טַלְיָה (נ)

ombelico (m)	tabur	טַבּוּר (ז)
natiche (f pl)	axo'rayim	אֲחוֹרַיִים (ז"ר)
sedere (m)	yaʃvan	יַשְׁבָן (ז)

neo (m)	nekudat xen	נְקוּדַת חֵן (נ)
voglia (f) (~ di fragola)	'ketem leida	כֶּתֶם לֵידָה (ז)
tatuaggio (m)	ka'a'ku'a	קַעֲקוּעַ (ז)
cicatrice (f)	tsa'leket	צַלֶּקֶת (נ)

63. Malattie

malattia (f)	maxala	מַחֲלָה (נ)
essere malato	lihyot xole	לִהְיוֹת חוֹלֶה
salute (f)	bri'ut	בְּרִיאוּת (נ)
raffreddore (m)	na'zelet	נַזֶלֶת (נ)

tonsillite (f)	da'leket ʃkedim	דַּלֶּקֶת שְׁקֵדִים (נ)
raffreddore (m)	hitstanenut	הִצְטַנְּנוּת (נ)
raffreddarsi (vr)	lehitstanen	לְהִצְטַנֵּן
bronchite (f)	bron'χitis	בְּרוֹנְכִיטִיס (ז)
polmonite (f)	da'leket re'ot	דַּלֶּקֶת רֵיאוֹת (נ)
influenza (f)	ʃa'pa'at	שַׁפַּעַת (נ)
miope (agg)	ktsar re'iya	קְצַר רְאִיָּה
presbite (agg)	reχok re'iya	רְחוֹק־רְאִיָּה
strabismo (m)	pzila	פְּזִילָה (נ)
strabico (agg)	pozel	פּוֹזֵל
cateratta (f)	katarakt	קָטָרַקְט (ז)
glaucoma (m)	gla'u'koma	גְּלָאוּקוֹמָה (נ)
ictus (m) cerebrale	ʃavats moχi	שָׁבָץ מוֹחִי (ז)
attacco (m) di cuore	hetkef lev	הֶתְקֵף לֵב (ז)
infarto (m) miocardico	'otem ʃrir halev	אֹטֶם שְׁרִיר הַלֵּב (ז)
paralisi (f)	ʃituk	שִׁיתּוּק (ז)
paralizzare (vt)	leʃatek	לְשַׁתֵּק
allergia (f)	a'lergya	אָלֶרְגְיָה (נ)
asma (f)	'astma, ka'tseret	אַסְתְמָה, קַצֶּרֶת (נ)
diabete (m)	su'keret	סוּכֶּרֶת (נ)
mal (m) di denti	ke'ev ʃi'nayim	כְּאֵב שִׁינַּיִם (ז)
carie (f)	a'ʃeʃet	עַשֶּׁשֶׁת (נ)
diarrea (f)	ʃilʃul	שִׁלְשׁוּל (ז)
stitichezza (f)	atsirut	עֲצִירוּת (נ)
disturbo (m) gastrico	kilkul keiva	קִלְקוּל קֵיבָה (ז)
intossicazione (f) alimentare	har'alat mazon	הַרְעָלַת מָזוֹן (נ)
intossicarsi (vr)	laχatof har'alat mazon	לַחֲטוֹף הַרְעָלַת מָזוֹן
artrite (f)	da'leket mifrakim	דַּלֶּקֶת מִפְרָקִים (נ)
rachitide (f)	ra'keχet	רַכֶּכֶת (נ)
reumatismo (m)	ʃigaron	שִׁיגָּרוֹן (ז)
aterosclerosi (f)	ar'teryo skle'rosis	אַרְטֶרְיוֹ־סְקְלֶרוֹסִיס (ז)
gastrite (f)	da'leket keiva	דַּלֶּקֶת קֵיבָה (נ)
appendicite (f)	da'leket toseftan	דַּלֶּקֶת תּוֹסֶפְתָּן (נ)
colecistite (f)	da'leket kis hamara	דַּלֶּקֶת כִּיס הַמָּרָה (נ)
ulcera (f)	'ulkus, kiv	אוּלְקוּס, כִּיב (ז)
morbillo (m)	χa'tsevet	חַצֶּבֶת (נ)
rosolia (f)	a'demet	אַדֶּמֶת (נ)
itterizia (f)	tsa'hevet	צַהֶבֶת (נ)
epatite (f)	da'leket kaved	דַּלֶּקֶת כָּבֵד (נ)
schizofrenia (f)	sχizo'frenya	סְכִיזוֹפְרֶנְיָה (נ)
rabbia (f)	ka'levet	כַּלֶּבֶת (נ)
nevrosi (f)	noi'roza	נוֹירוֹזָה (נ)
commozione (f) cerebrale	za'a'zu'a 'moaχ	זַעֲזוּעַ מוֹחַ (ז)
cancro (m)	sartan	סַרְטָן (ז)
sclerosi (f)	ta'reʃet	טַרֶשֶׁת (נ)

sclerosi (f) multipla	ta'refet nefotsa	טָרֶשֶׁת נְפוֹצָה (נ)
alcolismo (m)	alkoholizm	אַלכּוֹהוֹלִיזם (ז)
alcolizzato (m)	alkoholist	אַלכּוֹהוֹלִיסט (ז)
sifilide (f)	a'gevet	עַגֶבֶת (נ)
AIDS (m)	eids	אֵיידס (ז)

tumore (m)	gidul	גִידוּל (ז)
maligno (agg)	mam'ir	מַמאִיר
benigno (agg)	ʃapir	שָׁפִיר

febbre (f)	ka'daxat	קַדַחַת (נ)
malaria (f)	ma'larya	מָלַריָה (נ)
cancrena (f)	gan'grena	גַנגרֶנָה (נ)
mal (m) di mare	maxalat yam	מַחֲלַת יָם (נ)
epilessia (f)	maxalat hanefila	מַחֲלַת הַנְפִילָה (נ)

epidemia (f)	magefa	מַגֵיפָה (נ)
tifo (m)	'tifus	טִיפוּס (ז)
tubercolosi (f)	ʃa'xefet	שַׁחֶפֶת (נ)
colera (m)	ko'lera	כּוֹלֶרָה (נ)
peste (f)	davar	דֶבֶר (ז)

64. Sintomi. Cure. Parte 1

sintomo (m)	simptom	סִימפּטוֹם (ז)
temperatura (f)	xom	חוֹם (ז)
febbre (f) alta	xom ga'voha	חוֹם גָבוֹהַ (ז)
polso (m)	'dofek	דוֹפֶק (ז)

capogiro (m)	sxar'xoret	סחַרחוֹרֶת (נ)
caldo (agg)	xam	חַם
brivido (m)	tsmar'moret	צַמַרמוֹרֶת (נ)
pallido (un viso ~)	xiver	חִיוֵר

tosse (f)	ʃi'ul	שִׁיעוּל (ז)
tossire (vi)	lehiʃta'el	לְהִשׁתַעֵל
starnutire (vi)	lehit'ateʃ	לְהִתעַטֵשׁ
svenimento (m)	ilafon	עִילָפוֹן (ז)
svenire (vi)	lehit'alef	לְהִתעַלֵף

livido (m)	xabura	חַבּוּרָה (נ)
bernoccolo (m)	blita	בּלִיטָה (נ)
farsi un livido	lekabel maka	לְקַבֵּל מַכָּה
contusione (f)	maka	מַכָּה (נ)
farsi male	lekabel maka	לְקַבֵּל מַכָּה

zoppicare (vi)	lits'lo'a	לְצלוֹעַ
slogatura (f)	'neka	נֶקַע (ז)
slogarsi (vr)	lin'ko'a	לִנקוֹעַ
frattura (f)	'ʃever	שֶׁבֶר (ז)
fratturarsi (vr)	liʃbor	לִשׁבּוֹר

| taglio (m) | xatax | חָתָך (ז) |
| tagliarsi (vr) | lehixatex | לְהֵיחָתֵך |

emorragia (f)	dimum	דִימוּם (ז)
scottatura (f)	kviya	כְּוִויָה (נ)
scottarsi (vr)	laxatof kviya	לַחֲטוֹף כְּוִויָה
pungere (vt)	lidkor	לִדקוֹר
pungersi (vr)	lehidaker	לְהִידָקֵר
ferire (vt)	lif'tso'a	לִפצוֹעַ
ferita (f)	ptsi'a	פְּצִיעָה (נ)
lesione (f)	'petsa	פֶּצַע (ז)
trauma (m)	'tra'uma	טרָאוּמָה (נ)
delirare (vi)	lahazot	לַהֲזוֹת
tartagliare (vi)	legamgem	לְגַמגֵם
colpo (m) di sole	makat 'ʃemeʃ	מַכַּת שֶׁמֶשׁ (נ)

65. Sintomi. Cure. Parte 2

dolore (m), male (m)	ke'ev	כְּאֵב (ז)
scheggia (f)	kots	קוֹץ (ז)
sudore (m)	ze'a	זֵיעָה (נ)
sudare (vi)	leha'zi'a	לְהַזִיעַ
vomito (m)	haka'a	הֲקָאָה (נ)
convulsioni (f pl)	pirkusim	פִּירפּוּסִים (ז"ר)
incinta (agg)	hara	הָרָה
nascere (vi)	lehivaled	לְהִיווָלֵד
parto (m)	leda	לֵידָה (נ)
essere in travaglio di parto	la'ledet	לָלֶדֶת
aborto (m)	hapala	הַפָּלָה (נ)
respirazione (f)	neʃima	נְשִׁימָה (נ)
inspirazione (f)	ʃe'ifa	שְׁאִיפָה (נ)
espirazione (f)	neʃifa	נְשִׁיפָה (נ)
espirare (vi)	linʃof	לִנשׁוֹף
inspirare (vi)	liʃ'of	לִשׁאוֹף
invalido (m)	naxe	נָכֶה (ז)
storpio (m)	naxe	נָכֶה (ז)
drogato (m)	narkoman	נַרקוֹמָן (ז)
sordo (agg)	xereʃ	חֵירֵשׁ
muto (agg)	ilem	אִילֵם
sordomuto (agg)	xereʃ-ilem	חֵירֵשׁ-אִילֵם
matto (agg)	meʃuga	מְשׁוּגָע
matto (m)	meʃuga	מְשׁוּגָע (ז)
matta (f)	meʃu'ga'at	מְשׁוּגַעַת (נ)
impazzire (vi)	lehiʃta'ge'a	לְהִשׁתַגֵעַ
gene (m)	gen	גֵן (ז)
immunità (f)	xasinut	חֲסִינוּת (נ)
ereditario (agg)	toraʃti	תוֹרַשׁתִי
innato (agg)	mulad	מוּלָד

virus (m)	'virus	וִירוּס (ז)
microbo (m)	χaidak	חַיְיָדַק (ז)
batterio (m)	bak'terya	בַּקְטֶרְיָה (נ)
infezione (f)	zihum	זִיהוּם (ז)

66. Sintomi. Cure. Parte 3

| ospedale (m) | beit χolim | בֵּית חוֹלִים (ז) |
| paziente (m) | metupal | מְטוּפָּל (ז) |

diagnosi (f)	avχana	אַבְחָנָה (נ)
cura (f)	ripui	רִיפּוּי (ז)
trattamento (m)	tipul refu'i	טִיפּוּל רְפוּאִי (ז)
curarsi (vr)	lekabel tipul	לְקַבֵּל טִיפּוּל
curare (vt)	letapel be...	לְטַפֵּל בְּ...
accudire (un malato)	letapel be...	לְטַפֵּל בְּ...
assistenza (f)	tipul	טִיפּוּל (ז)

operazione (f)	ni'tuaχ	נִיתוּח (ז)
bendare (vt)	laχboʃ	לַחְבּוֹש
fasciatura (f)	χaviʃa	חֲבִישָה (נ)

vaccinazione (f)	χisun	חִיסוּן (ז)
vaccinare (vt)	leχasen	לְחַסֵן
iniezione (f)	zrika	זְרִיקָה (נ)
fare una puntura	lehazrik	לְהַזְרִיק

attacco (m) (~ epilettico)	hetkef	הֶתְקֵף (ז)
amputazione (f)	kti'a	קְטִיעָה (נ)
amputare (vt)	lik'to'a	לִקְטוֹעַ
coma (m)	tar'demet	תַרְדֶמֶת (נ)
essere in coma	lihyot betar'demet	לִהְיוֹת בְּתַרְדֶמֶת
rianimazione (f)	tipul nimraʦ	טִיפּוּל נִמְרָץ (ז)

guarire (vi)	lehaχlim	לְהַחְלִים
stato (f) (del paziente)	maʦav	מַצָב (ז)
conoscenza (f)	hakara	הַכָּרָה (נ)
memoria (f)	zikaron	זִיכָּרוֹן (ז)

estrarre (~ un dente)	la'akor	לַעֲקוֹר
otturazione (f)	stima	סְתִימָה (נ)
otturare (vt)	la'asot stima	לַעֲשוֹת סְתִימָה

| ipnosi (f) | hip'noza | הִיפְּנוֹזָה (נ) |
| ipnotizzare (vt) | lehapnet | לְהַפְנֵט |

67. Medicinali. Farmaci. Accessori

medicina (f)	trufa	תְרוּפָה (נ)
rimedio (m)	trufa	תְרוּפָה (נ)
prescrivere (vt)	lirʃom	לִרְשוֹם
prescrizione (f)	mirʃam	מִרְשָם (ז)

compressa (f)	kadur	כַּדוּר (ז)
unguento (m)	miʃχa	מִשְׁחָה (נ)
fiala (f)	'ampula	אַמְפּוּלָה (נ)
pozione (f)	ta'a'rovet	תַּעֲרוֹבֶת (נ)
sciroppo (m)	sirop	סִירוֹף (ז)
pillola (f)	gluya	גְּלוּיָה (נ)
polverina (f)	avka	אַבְקָה (נ)
benda (f)	taχ'boʃet 'gaza	תַּחְבּוֹשֶׁת גָּאזָה (ז)
ovatta (f)	'tsemer 'gefen	צֶמֶר גֶּפֶן (ז)
iodio (m)	yod	יוֹד (ז)
cerotto (m)	'plaster	פְּלַסְטֶר (ז)
contagocce (m)	taf'tefet	טַפְטֶפֶת (נ)
termometro (m)	madχom	מַדְחוֹם (ז)
siringa (f)	mazrek	מַזְרֵק (ז)
sedia (f) a rotelle	kise galgalim	כִּיסֵא גַּלְגַּלִּים (ז)
stampelle (f pl)	ka'bayim	קַבַּיִם (ז"ר)
analgesico (m)	meʃakeχ ke'evim	מְשַׁכֵּךְ כְּאֵבִים (ז)
lassativo (m)	trufa meʃal'ʃelet	תְּרוּפָה מְשַׁלְשֶׁלֶת (נ)
alcol (m)	'kohal	כּוֹהַל (ז)
erba (f) officinale	isvei marpe	עִשְׂבֵּי מַרְפֵּא (ז"ר)
d'erbe (infuso ~)	ʃel asavim	שֶׁל עֲשָׂבִים

APPARTAMENTO

68. Appartamento

appartamento (m)	dira	דִּירָה (נ)
camera (f), stanza (f)	'χeder	חֶדֶר (ז)
camera (f) da letto	χadar ʃena	חֲדַר שֵׁינָה (ז)
sala (f) da pranzo	pinat 'oχel	פִּינַת אוֹכֶל (נ)
salotto (m)	salon	סָלוֹן (ז)
studio (m)	χadar avoda	חֲדַר עֲבוֹדָה (ז)
ingresso (m)	prozdor	פְּרוֹזְדוֹר (ז)
bagno (m)	χadar am'batya	חֲדַר אַמְבַּטְיָה (ז)
gabinetto (m)	ʃerutim	שֵׁירוּתִים (ז"ר)
soffitto (m)	tikra	תִּקְרָה (נ)
pavimento (m)	ritspa	רִצְפָּה (נ)
angolo (m)	pina	פִּינָה (נ)

69. Arredamento. Interno

mobili (m pl)	rehitim	רָהִיטִים (ז"ר)
tavolo (m)	ʃulχan	שׁוּלְחָן (ז)
sedia (f)	kise	כִּסֵּא (ז)
letto (m)	mita	מִיטָה (נ)
divano (m)	sapa	סַפָּה (נ)
poltrona (f)	kursa	כּוּרְסָה (נ)
libreria (f)	aron sfarim	אֲרוֹן סְפָרִים (ז)
ripiano (m)	madaf	מַדָּף (ז)
armadio (m)	aron bgadim	אֲרוֹן בְּגָדִים (ז)
attaccapanni (m) da parete	mitle	מִתְלֶה (ז)
appendiabiti (m) da terra	mitle	מִתְלֶה (ז)
comò (m)	ʃida	שִׁידָה (נ)
tavolino (m) da salotto	ʃulχan itonim	שׁוּלְחָן עִיתּוֹנִים (ז)
specchio (m)	mar'a	מַרְאָה (נ)
tappeto (m)	ʃa'tiaχ	שָׁטִיחַ (ז)
tappetino (m)	ʃa'tiaχ	שָׁטִיחַ (ז)
camino (m)	aχ	אָח (נ)
candela (f)	ner	נֵר (ז)
candeliere (m)	pamot	פָּמוֹט (ז)
tende (f pl)	vilonot	וִילוֹנוֹת (ז"ר)
carta (f) da parati	tapet	טַפֶּט (ז)

tende (f pl) alla veneziana	trisim	תְּרִיסִים (ז"ר)
lampada (f) da tavolo	menorat ʃulxan	מְנוֹרַת שׁוּלְחָן (נ)
lampada (f) da parete	menorat kir	מְנוֹרַת קִיר (נ)
lampada (f) a stelo	menora o'medet	מְנוֹרָה עוֹמֶדֶת (נ)
lampadario (m)	niv'reʃet	נִבְרֶשֶׁת (נ)
gamba (f)	'regel	רֶגֶל (נ)
bracciolo (m)	miʃ'enet yad	מִשְׁעֶנֶת יָד (נ)
spalliera (f)	miʃ'enet	מִשְׁעֶנֶת (נ)
cassetto (m)	megera	מְגֵירָה (נ)

70. Biancheria da letto

biancheria (f) da letto	matsa'im	מַצָּעִים (ז"ר)
cuscino (m)	karit	כָּרִית (נ)
federa (f)	tsipit	צִיפִּית (נ)
coperta (f)	smixa	שְׂמִיכָה (נ)
lenzuolo (m)	sadin	סָדִין (ז)
copriletto (m)	kisui mita	כִּיסוּי מִיטָה (ז)

71. Cucina

cucina (f)	mitbax	מִטְבָּח (ז)
gas (m)	gaz	גָז (ז)
fornello (m) a gas	tanur gaz	תַּנּוּר גָז (ז)
fornello (m) elettrico	tanur xaʃmali	תַּנּוּר חַשְׁמַלִי (ז)
forno (m)	tanur afiya	תַּנּוּר אֲפִיָּה (ז)
forno (m) a microonde	mikrogal	מִיקְרוֹגַל (ז)
frigorifero (m)	mekarer	מְקָרֵר (ז)
congelatore (m)	makpi	מַקְפִּיא (ז)
lavastoviglie (f)	me'diax kelim	מֵדִיחַ כֵּלִים (ז)
tritacarne (m)	matxenat basar	מַטְחֶנַת בָּשָׂר (נ)
spremifrutta (m)	masxeta	מַסְחֵטָה (נ)
tostapane (m)	'toster	טוֹסְטֶר (ז)
mixer (m)	'mikser	מִיקְסֶר (ז)
macchina (f) da caffè	mexonat kafe	מְכוֹנַת קָפֶה (נ)
caffettiera (f)	findʒan	פִינְגָ'אן (ז)
macinacaffè (m)	matxenat kafe	מַטְחֶנַת קָפֶה (נ)
bollitore (m)	kumkum	קוּמְקוּם (ז)
teiera (f)	kumkum	קוּמְקוּם (ז)
coperchio (m)	mixse	מִכְסֶה (ז)
colino (m) da tè	mis'nenet te	מְסַנֶּנֶת תָּה (נ)
cucchiaio (m)	kaf	כַּף (נ)
cucchiaino (m) da tè	kapit	כַּפִּית (נ)
cucchiaio (m)	kaf	כַּף (נ)
forchetta (f)	mazleg	מַזְלֵג (ז)
coltello (m)	sakin	סַכִּין (ז, נ)

stoviglie (f pl)	kelim	כֵּלִים (ז"ר)
piatto (m)	tsa'laχat	צַלַּחַת (נ)
piattino (m)	taχtit	תַּחְתִּית (נ)

cicchetto (m)	kosit	כּוֹסִית (נ)
bicchiere (m) (~ d'acqua)	kos	כּוֹס (נ)
tazzina (f)	'sefel	סֵפֶל (ז)

zuccheriera (f)	mis'keret	מִסְכֶּרֶת (נ)
saliera (f)	milχiya	מִלְחִיָּה (נ)
pepiera (f)	pilpeliya	פִּלְפְּלִיָּה (נ)
burriera (f)	maχame'a	מַחְמָאָה (נ)

pentola (f)	sir	סִיר (ז)
padella (f)	maχvat	מַחֲבַת (נ)
mestolo (m)	tarvad	תַּרְוָד (ז)
colapasta (m)	mis'nenet	מְסַנֶּנֶת (נ)
vassoio (m)	magaʃ	מַגָּשׁ (ז)

bottiglia (f)	bakbuk	בַּקְבּוּק (ז)
barattolo (m) di vetro	tsin'tsenet	צִנְצֶנֶת (נ)
latta, lattina (f)	paχit	פַּחִית (נ)

apribottiglie (m)	potχan bakbukim	פּוֹתְחָן בַּקְבּוּקִים (ז)
apriscatole (m)	potχan kufsa'ot	פּוֹתְחָן קוּפְסָאוֹת (ז)
cavatappi (m)	maχlets	מַחְלֵץ (ז)
filtro (m)	'filter	פִּילְטֶר (ז)
filtrare (vt)	lesanen	לְסַנֵּן

| spazzatura (f) | 'zevel | זֶבֶל (ז) |
| pattumiera (f) | paχ 'zevel | פַּח זֶבֶל (ז) |

72. Bagno

bagno (m)	χadar am'batya	חֲדַר אַמְבַּטְיָה (ז)
acqua (f)	'mayim	מַיִם (ז"ר)
rubinetto (m)	'berez	בֶּרֶז (ז)
acqua (f) calda	'mayim χamim	מַיִם חַמִּים (ז"ר)
acqua (f) fredda	'mayim karim	מַיִם קָרִים (ז"ר)

dentifricio (m)	miʃχat ʃi'nayim	מִשְׁחַת שִׁנַּיִים (נ)
lavarsi i denti	letsaχ'tseaχ ʃi'nayim	לְצַחְצֵחַ שִׁנַּיִים
spazzolino (m) da denti	miv'reʃet ʃi'nayim	מִבְרֶשֶׁת שִׁנַּיִים (נ)

rasarsi (vr)	lehitga'leaχ	לְהִתְגַּלֵּחַ
schiuma (f) da barba	'ketsef gi'luaχ	קֶצֶף גִּילּוּחַ (ז)
rasoio (m)	'ta'ar	תַּעַר (ז)

lavare (vt)	liʃtof	לִשְׁטוֹף
fare un bagno	lehitraχets	לְהִתְרַחֵץ
doccia (f)	mik'laχat	מִקְלַחַת (נ)
fare una doccia	lehitka'leaχ	לְהִתְקַלֵּחַ
vasca (f) da bagno	am'batya	אַמְבַּטְיָה (נ)
water (m)	asla	אַסְלָה (נ)

lavandino (m)	kiyor	כִּיּוֹר (ז)
sapone (m)	sabon	סַבּוֹן (ז)
porta (m) sapone	saboniya	סַבּוֹנִיָּה (נ)
spugna (f)	sfog 'lifa	סְפוֹג לִיפָה (ז)
shampoo (m)	ʃampu	שַׁמְפּוּ (ז)
asciugamano (m)	ma'gevet	מַגֶּבֶת (נ)
accappatoio (m)	χaluk raχatsa	חָלוּק רַחְצָה (ז)
bucato (m)	kvisa	כְּבִיסָה (נ)
lavatrice (f)	meχonat kvisa	מְכוֹנַת כְּבִיסָה (נ)
fare il bucato	leχabes	לְכַבֵּס
detersivo (m) per il bucato	avkat kvisa	אַבְקַת כְּבִיסָה (נ)

73. Elettrodomestici

televisore (m)	tele'vizya	טֶלֶוִיזְיָה (נ)
registratore (m) a nastro	teip	טֵייפּ (ז)
videoregistratore (m)	maχʃir 'vide'o	מַכְשִׁיר וִידֵאוֹ (ז)
radio (f)	'radyo	רַדְיוֹ (ז)
lettore (m)	nagan	נַגָּן (ז)
videoproiettore (m)	makren	מַקְרֵן (ז)
home cinema (m)	kol'no'a beiti	קוֹלְנוֹעַ בֵּיתִי (ז)
lettore (m) DVD	nagan dividi	נַגָּן DVD (ז)
amplificatore (m)	magber	מַגְבֵּר (ז)
console (f) video giochi	maχʃir plei'steiʃen	מַכְשִׁיר פְּלֵייסְטֵיישֶׁן (ז)
videocamera (f)	matslemat 'vide'o	מַצְלֵמַת וִידֵאוֹ (נ)
macchina (f) fotografica	matslema	מַצְלֵמָה (נ)
fotocamera (f) digitale	matslema digi'talit	מַצְלֵמָה דִיגִיטָלִית (נ)
aspirapolvere (m)	ʃo'ev avak	שׁוֹאֵב אָבָק (ז)
ferro (m) da stiro	maghets	מַגְהֵץ (ז)
asse (f) da stiro	'kereʃ gihuts	קֶרֶשׁ גִּיהוּץ (ז)
telefono (m)	'telefon	טֶלֶפוֹן (ז)
telefonino (m)	'telefon nayad	טֶלֶפוֹן נַיָּיד (ז)
macchina (f) da scrivere	meχonat ktiva	מְכוֹנַת כְּתִיבָה (נ)
macchina (f) da cucire	meχonat tfira	מְכוֹנַת תְּפִירָה (נ)
microfono (m)	mikrofon	מִיקְרוֹפוֹן (ז)
cuffia (f)	ozniyot	אוֹזְנִיּוֹת (נ"ר)
telecomando (m)	'ʃelet	שֶׁלֶט (ז)
CD (m)	taklitor	תַּקְלִיטוֹר (ז)
cassetta (f)	ka'letet	קַלֶטֶת (נ)
disco (m) (vinile)	taklit	תַּקְלִיט (ז)

LA TERRA. TEMPO

74. L'Universo

cosmo (m)	χalal	חָלָל (ז)
cosmico, spaziale (agg)	ʃel χalal	שֶׁל חָלָל
spazio (m) cosmico	χalal χitson	חָלָל חִיצוֹן (ז)
mondo (m)	olam	עוֹלָם (ז)
universo (m)	yekum	יְקוּם (ז)
galassia (f)	ga'laksya	גָּלַקְסְיָה (נ)
stella (f)	koχav	כּוֹכָב (ז)
costellazione (f)	tsvir koχavim	צְבִיר כּוֹכָבִים (ז)
pianeta (m)	koχav 'leχet	כּוֹכָב לֶכֶת (ז)
satellite (m)	lavyan	לַוְיָן (ז)
meteorite (m)	mete'orit	מֶטְאוֹרִיט (ז)
cometa (f)	koχav ʃavit	כּוֹכָב שָׁבִיט (ז)
asteroide (m)	aste'ro'id	אַסְטְרוֹאִיד (ז)
orbita (f)	maslul	מַסְלוּל (ז)
ruotare (vi)	lesovev	לְסוֹבֵב
atmosfera (f)	atmos'fera	אַטְמוֹסְפֶרָה (נ)
il Sole	'ʃemeʃ	שֶׁמֶשׁ (נ)
sistema (m) solare	ma'a'reχet ha'ʃemeʃ	מַעֲרֶכֶת הַשֶּׁמֶשׁ (נ)
eclisse (f) solare	likui χama	לִיקוּי חַמָּה (ז)
la Terra	kadur ha''arets	כַּדּוּר הָאָרֶץ (ז)
la Luna	ya'reaχ	יָרֵח (ז)
Marte (m)	ma'adim	מַאֲדִים (ז)
Venere (f)	'noga	נוֹגָה (ז)
Giove (m)	'tsedek	צֶדֶק (ז)
Saturno (m)	ʃabtai	שַׁבְתַאי (ז)
Mercurio (m)	koχav χama	כּוֹכָב חַמָּה (ז)
Urano (m)	u'ranus	אוּרָנוּס (ז)
Nettuno (m)	neptun	נֶפְטוּן (ז)
Plutone (m)	'pluto	פְלוּטוֹ (ז)
Via (f) Lattea	ʃvil haχalav	שְׁבִיל הֶחָלָב (ז)
Orsa (f) Maggiore	duba gdola	דוּבָּה גְדוֹלָה (נ)
Stella (f) Polare	koχav hatsafon	כּוֹכָב הַצָּפוֹן (ז)
marziano (m)	toʃav ma'adim	תּוֹשָׁב מַאֲדִים (ז)
extraterrestre (m)	χutsan	חוּצָן (ז)
alieno (m)	χaizar	חַיְזָר (ז)
disco (m) volante	tsa'laχat me'o'fefet	צַלַחַת מְעוֹפֶפֶת (נ)
nave (f) spaziale	χalalit	חָלָלִית (נ)

stazione (f) spaziale	taχanat χalal	תַּחֲנַת חָלָל (נ)
lancio (m)	hamra'a	הַמְרָאָה (נ)
motore (m)	ma'no'a	מָנוֹעַ (ז)
ugello (m)	neχir	נְחִיר (ז)
combustibile (m)	'delek	דֶּלֶק (ז)
cabina (f) di pilotaggio	'kokpit	קוֹקְפִּיט (ז)
antenna (f)	an'tena	אַנְטֶנָה (נ)
oblò (m)	eʃnav	אֶשְׁנָב (ז)
batteria (f) solare	'luaχ so'lari	לוּחַ סוֹלָרִי (ז)
scafandro (m)	χalifat χalal	חֲלִיפַת חָלָל (נ)
imponderabilità (f)	'χoser miʃkal	חוֹסֶר מִשְׁקָל (ז)
ossigeno (m)	χamtsan	חַמְצָן (ז)
aggancio (m)	agina	עֲגִינָה (נ)
agganciarsi (vr)	la'agon	לַעֲגוֹן
osservatorio (m)	mitspe koχavim	מִצְפֵּה כּוֹכָבִים (ז)
telescopio (m)	teleskop	טֶלֶסְקוֹפּ (ז)
osservare (vt)	litspot, lehaʃkif	לִצְפּוֹת, לְהַשְׁקִיף
esplorare (vt)	laχkor	לַחְקוֹר

75. La Terra

la Terra	kadur ha''arets	כַּדּוּר הָאָרֶץ (ז)
globo (m) terrestre	kadur ha''arets	כַּדּוּר הָאָרֶץ (ז)
pianeta (m)	koχav 'leχet	כּוֹכַב לֶכֶת (ז)
atmosfera (f)	atmos'fera	אַטְמוֹסְפֵרָה (נ)
geografia (f)	ge'o'grafya	גֵּיאוֹגְרַפְיָה (נ)
natura (f)	'teva	טֶבַע (ז)
mappamondo (m)	'globus	גְּלוֹבּוּס (ז)
carta (f) geografica	mapa	מַפָּה (נ)
atlante (m)	'atlas	אַטְלָס (ז)
Europa (f)	ei'ropa	אֵירוֹפָּה (נ)
Asia (f)	'asya	אַסְיָה (נ)
Africa (f)	'afrika	אַפְרִיקָה (נ)
Australia (f)	ost'ralya	אוֹסְטְרַלְיָה (נ)
America (f)	a'merika	אָמֶרִיקָה (נ)
America (f) del Nord	a'merika hatsfonit	אָמֶרִיקָה הַצְּפוֹנִית (נ)
America (f) del Sud	a'merika hadromit	אָמֶרִיקָה הַדְּרוֹמִית (נ)
Antartide (f)	ya'beʃet an'tarktika	יַבֶּשֶׁת אַנְטָאַרְקְטִיקָה (נ)
Artico (m)	'arktika	אַרְקְטִיקָה (נ)

76. Punti cardinali

nord (m)	tsafon	צָפוֹן (ז)
a nord	tsa'fona	צָפוֹנָה

| al nord | batsafon | בַּצָפוֹן |
| del nord (agg) | tsfoni | צְפוֹנִי |

sud (m)	darom	דָרוֹם (ז)
a sud	da'roma	דָרוֹמָה
al sud	badarom	בַּדָרוֹם
del sud (agg)	dromi	דרוֹמִי

ovest (m)	ma'arav	מַעֲרָב (ז)
a ovest	ma'a'rava	מַעֲרָבָה
all'ovest	bama'arav	בַּמַעֲרָב
dell'ovest, occidentale	ma'aravi	מַעֲרָבִי

est (m)	mizraχ	מִזרָח (ז)
a est	miz'raχa	מִזרָחָה
all'est	bamizraχ	בַּמִזרָח
dell'est, orientale	mizraχi	מִזרָחִי

77. Mare. Oceano

mare (m)	yam	יָם (ז)
oceano (m)	ok'yanos	אוֹקיָאנוֹס (ז)
golfo (m)	mifrats	מפרָץ (ז)
stretto (m)	meitsar	מֵיצַר (ז)

terra (f) (terra firma)	yabaʃa	יַבָּשָׁה (נ)
continente (m)	ya'beʃet	יַבֶּשֶׁת (נ)
isola (f)	i	אִי (ז)
penisola (f)	χatsi i	חָצִי אִי (ז)
arcipelago (m)	arχipelag	אַרכִיפֶּלָג (ז)

baia (f)	mifrats	מפרָץ (ז)
porto (m)	namal	נָמָל (ז)
laguna (f)	la'guna	לָגוּנָה (נ)
capo (m)	kef	כֵּף (ז)

atollo (m)	atol	אָטוֹל (ז)
scogliera (f)	ʃunit	שׁוּנִית (נ)
corallo (m)	almog	אַלמוֹג (ז)
barriera (f) corallina	ʃunit almogim	שׁוּנִית אַלמוֹגִים (נ)

profondo (agg)	amok	עָמוֹק
profondità (f)	'omek	עוֹמֶק (ז)
abisso (m)	tehom	תְהוֹם (נ)
fossa (f) (~ delle Marianne)	maχteʃ	מַכתֵשׁ (ז)

| corrente (f) | 'zerem | זֶרֶם (ז) |
| circondare (vt) | lehakif | לְהַקִיף |

| litorale (m) | χof | חוֹף (ז) |
| costa (f) | χof yam | חוֹף יָם (ז) |

| alta marea (f) | ge'ut | גֵאוּת (נ) |
| bassa marea (f) | 'ʃefel | שֶׁפֶל (ז) |

banco (m) di sabbia	sirton	שִׂרְטוֹן (ז)
fondo (m)	karka'it	קַרְקָעִית (נ)
onda (f)	gal	גַל (ז)
cresta (f) dell'onda	pisgat hagal	פִּסְגַת הַגַל (נ)
schiuma (f)	'ketsef	קֶצֶף (ז)
tempesta (f)	sufa	סוּפָה (נ)
uragano (m)	hurikan	הוּרִיקָן (ז)
tsunami (m)	tsu'nami	צוּנָאמִי (ז)
bonaccia (f)	'roga	רוֹגַע (ז)
tranquillo (agg)	ʃalev	שָׁלֵו
polo (m)	'kotev	קוֹטֶב (ז)
polare (agg)	kotbi	קוֹטְבִּי
latitudine (f)	kav 'roχav	קַו רוֹחַב (ז)
longitudine (f)	kav 'oreχ	קַו אוֹרֶךְ (ז)
parallelo (m)	kav 'roχav	קַו רוֹחַב (ז)
equatore (m)	kav hamaʃve	קַו הַמַשְׁוֶה (ז)
cielo (m)	ʃa'mayim	שָׁמַיִם (ז"ר)
orizzonte (m)	'ofek	אוֹפֶק (ז)
aria (f)	avir	אֲוִיר (ז)
faro (m)	migdalor	מִגְדַלוֹר (ז)
tuffarsi (vr)	litslol	לִצְלוֹל
affondare (andare a fondo)	lit'bo'a	לִטְבּוֹעַ
tesori (m)	otsarot	אוֹצָרוֹת (ז"ר)

78. Nomi dei mari e degli oceani

Oceano (m) Atlantico	ha'ok'yanus ha'at'lanti	הָאוֹקְיָינוֹס הָאַטְלַנְטִי (ז)
Oceano (m) Indiano	ha'ok'yanus ha'hodi	הָאוֹקְיָינוֹס הַהוֹדִי (ז)
Oceano (m) Pacifico	ha'ok'yanus haʃaket	הָאוֹקְיָינוֹס הַשָׁקֵט (ז)
mar (m) Glaciale Artico	ok'yanos ha'keraχ hatsfoni	אוֹקְיָינוֹס הַקֶרַח הַצְפוֹנִי (ז)
mar (m) Nero	hayam haʃaχor	הַיָם הַשָׁחוֹר (ז)
mar (m) Rosso	yam suf	יַם סוּף (ז)
mar (m) Giallo	hayam hatsahov	הַיָם הַצָהוֹב (ז)
mar (m) Bianco	hayam halavan	הַיָם הַלָבָן (ז)
mar (m) Caspio	hayam ha'kaspi	הַיָם הַכַּסְפִּי (ז)
mar (m) Morto	yam ha'melaχ	יַם הַמֶלַח (ז)
mar (m) Mediterraneo	hayam hatiχon	הַיָם הַתִיכוֹן (ז)
mar (m) Egeo	hayam ha'e'ge'i	הַיָם הָאֶגֵאִי (ז)
mar (m) Adriatico	hayam ha'adri'yati	הַיָם הָאַדְרִיָאתִי (ז)
mar (m) Arabico	hayam ha'aravi	הַיָם הָעֲרָבִי (ז)
mar (m) del Giappone	hayam haya'pani	הַיָם הַיַפָּנִי (ז)
mare (m) di Bering	yam 'bering	יַם בֶּרִינג (ז)
mar (m) Cinese meridionale	yam sin hadromi	יַם סִין הַדְרוֹמִי (ז)
mar (m) dei Coralli	yam ha'almogim	יַם הָאַלְמוֹגִים (ז)

mar (m) di Tasman	yam tasman	יָם טַסְמָן (ז)
mar (m) dei Caraibi	hayam haka'ribi	הַיָּם הַקָּרִיבִּי (ז)
mare (m) di Barents	yam 'barents	יָם בָּרֶנְץ (ז)
mare (m) di Kara	yam 'kara	יָם קָאָרָה (ז)
mare (m) del Nord	hayam hatsfoni	הַיָּם הַצְּפוֹנִי (ז)
mar (m) Baltico	hayam ha'balti	הַיָּם הַבַּלְטִי (ז)
mare (m) di Norvegia	hayam hanor'vegi	הַיָּם הַנּוֹרְבֶגִי (ז)

79. Montagne

monte (m), montagna (f)	har	הַר (ז)
catena (f) montuosa	'reχes harim	רֶכֶס הָרִים (ז)
crinale (m)	'reχes har	רֶכֶס הַר (ז)
cima (f)	pisga	פִּסְגָּה (נ)
picco (m)	pisga	פִּסְגָּה (נ)
piedi (m pl)	margelot	מַרְגְּלוֹת (נ"ר)
pendio (m)	midron	מִדְרוֹן (ז)
vulcano (m)	har 'ga'aʃ	הַר גַּעַשׁ (ז)
vulcano (m) attivo	har 'ga'aʃ pa'il	הַר גַּעַשׁ פָּעִיל (ז)
vulcano (m) inattivo	har 'ga'aʃ radum	הַר גַּעַשׁ רָדוּם (ז)
eruzione (f)	hitpartsut	הִתְפָּרְצוּת (נ)
cratere (m)	lo'a	לוֹעַ (ז)
magma (m)	megama	מֶגְמָה (נ)
lava (f)	'lava	לָאבָה (נ)
fuso (lava ~a)	lohet	לוֹהֵט
canyon (m)	kanyon	קַנְיוֹן (ז)
gola (f)	gai	גַּיְא (ז)
crepaccio (m)	'beka	בֶּקַע (ז)
precipizio (m)	tehom	תְּהוֹם (נ)
passo (m), valico (m)	ma'avar harim	מַעֲבַר הָרִים (ז)
altopiano (m)	rama	רָמָה (נ)
falesia (f)	tsuk	צוּק (ז)
collina (f)	giv'a	גִּבְעָה (נ)
ghiacciaio (m)	karχon	קַרְחוֹן (ז)
cascata (f)	mapal 'mayim	מַפַּל מַיִם (ז)
geyser (m)	'geizer	גֵּייְזֶר (ז)
lago (m)	agam	אֲגַם (ז)
pianura (f)	miʃor	מִישׁוֹר (ז)
paesaggio (m)	nof	נוֹף (ז)
eco (f)	hed	הֵד (ז)
alpinista (m)	metapes harim	מְטַפֵּס הָרִים (ז)
scalatore (m)	metapes sla'im	מְטַפֵּס סְלָעִים (ז)
conquistare (~ una cima)	liχboʃ	לִכְבּוֹשׁ
scalata (f)	tipus	טִיפּוּס (ז)

80. Nomi delle montagne

Italiano	Traslitterazione	Ebraico
Alpi (f pl)	harei ha"alpim	הָרֵי הָאֶלְפִּים (ז"ר)
Monte (m) Bianco	mon blan	מוֹן בְּלָאן (ז)
Pirenei (m pl)	pire'ne'im	פִּירֶנָאִים (ז"ר)
Carpazi (m pl)	kar'patim	קַרְפָּטִים (ז"ר)
gli Urali (m pl)	harei ural	הָרֵי אוּרָל (ז"ר)
Caucaso (m)	harei hakavkaz	הָרֵי הַקּוֹוקָז (ז"ר)
Monte (m) Elbrus	elbrus	אֶלְבְּרוּס (ז)
Monti (m pl) Altai	harei altai	הָרֵי אַלְטַאי (ז"ר)
Tien Shan (m)	tyan ʃan	טְיָאן שָאן (ז)
Pamir (m)	harei pamir	הָרֵי פָּאמִיר (ז"ר)
Himalaia (m)	harei hehima'laya	הָרֵי הֶהִימָלָאיָה (ז"ר)
Everest (m)	everest	אֶווֶרֶסט (ז)
Ande (f pl)	harei ha"andim	הָרֵי הָאַנְדִים (ז"ר)
Kilimangiaro (m)	kiliman'dʒaro	קִילִימַנְגִ'רוֹ (ז)

81. Fiumi

Italiano	Traslitterazione	Ebraico
fiume (m)	nahar	נָהָר (ז)
fonte (f) (sorgente)	ma'ayan	מַעְיָן (ז)
letto (m) (~ del fiume)	afik	אָפִיק (ז)
bacino (m)	agan nahar	אֲגַן נָהָר (ז)
sfociare nel ...	lehiʃapeχ	לְהִישָפֵךְ
affluente (m)	yuval	יוּבָל (ז)
riva (f)	χof	חוֹף (ז)
corrente (f)	'zerem	זֶרֶם (ז)
a valle	bemorad hanahar	בְּמוֹרַד הַנָהָר
a monte	bema'ale hanahar	בְּמַעֲלֵה הַנָהָר
inondazione (f)	hatsafa	הֲצָפָה (נ)
piena (f)	ʃitafon	שִיטָפוֹן (ז)
straripare (vi)	la'alot al gdotav	לַעֲלוֹת עַל גְדוֹתָיו
inondare (vt)	lehatsif	לְהָצִיף
secca (f)	sirton	שִרְטוֹן (ז)
rapida (f)	'eʃed	אֶשֶד (ז)
diga (f)	'seχer	סֶכֶר (ז)
canale (m)	te'ala	תְעָלָה (נ)
bacino (m) di riserva	ma'agar 'mayim	מַאֲגַר מַיִם (ז)
chiusa (f)	ta 'ʃayit	תָא שַיִט (ז)
specchio (m) d'acqua	ma'agar 'mayim	מַאֲגַר מַיִם (ז)
palude (f)	bitsa	בִּיצָה (נ)
pantano (m)	bitsa	בִּיצָה (נ)
vortice (m)	me'ar'bolet	מְעַרְבּוֹלֶת (נ)
ruscello (m)	'naχal	נַחַל (ז)

| potabile (agg) | ʃel ʃtiya | שֶׁל שְׁתִיָּה |
| dolce (di acqua ~) | metukim | מְתוּקִים |

| ghiaccio (m) | 'keraχ | קֶרַח (ז) |
| ghiacciarsi (vr) | likpo | לִקְפֹּא |

82. Nomi dei fiumi

| Senna (f) | hasen | הַסֵּן (נ) |
| Loira (f) | lu'ar | לוֹאָר (ז) |

Tamigi (m)	'temza	תֶמְזָה (ז)
Reno (m)	hrain	הָרַיין (ז)
Danubio (m)	da'nuba	דָנוּבָּה (ז)

Volga (m)	'volga	וֹלְגָּה (ז)
Don (m)	nahar don	נָהָר דּוֹן (ז)
Lena (f)	'lena	לֶנָה (ז)

Fiume (m) Giallo	hvang ho	הוַונְג הוֹ (ז)
Fiume (m) Azzurro	yangtse	יַאנְגְצֶה (ז)
Mekong (m)	mekong	מֶקוֹנְג (ז)
Gange (m)	'ganges	גַנְגֶס (ז)

Nilo (m)	'nilus	נִילוֹס (ז)
Congo (m)	'kongo	קוֹנְגוֹ (ז)
Okavango	ok'vango	אוֹקָבַנְגוֹ (ז)
Zambesi (m)	zam'bezi	זַמְבֶּזִי (ז)
Limpopo (m)	limpopo	לִימְפּוֹפוֹ (ז)
Mississippi (m)	misi'sipi	מִיסִיסִיפִּי (ז)

83. Foresta

| foresta (f) | 'ya'ar | יַעַר (ז) |
| forestale (agg) | ʃel 'ya'ar | שֶׁל יַעַר |

foresta (f) fitta	avi ha'ya'ar	עֲבִי הַיַעַר (ז)
boschetto (m)	χurʃa	חוֹרְשָׁה (נ)
radura (f)	ka'raχat 'ya'ar	קָרַחַת יַעַר (נ)

| roveto (m) | svaχ | סְבָךְ (ז) |
| boscaglia (f) | 'siaχ | שִׂיחַ (ז) |

| sentiero (m) | ʃvil | שְׁבִיל (ז) |
| calanco (m) | 'emek tsar | עֵמֶק צַר (ז) |

albero (m)	ets	עֵץ (ז)
foglia (f)	ale	עָלֶה (ז)
fogliame (m)	alva	עַלְוָוה (נ)

| caduta (f) delle foglie | ʃa'leχet | שַׁלֶּכֶת (נ) |
| cadere (vi) | linʃor | לִנְשֹׁר |

cima (f)	tsa'meret	צַמֶּרֶת (נ)
ramo (m), ramoscello (m)	anaf	עָנָף (ז)
ramo (m)	anaf ave	עָנָף עָבֶה (ז)
gemma (f)	nitsan	נִיצָן (ז)
ago (m)	'maχat	מַחַט (נ)
pigna (f)	itstrubal	אִצְטְרוּבָּל (ז)

cavità (f)	χor ba'ets	חוֹר בָּעֵץ (ז)
nido (m)	ken	קַן (ז)
tana (f) (del fox, ecc.)	meχila	מְחִילָה (נ)

tronco (m)	'geza	גֶּזַע (ז)
radice (f)	'foref	שׁוֹרֶשׁ (ז)
corteccia (f)	klipa	קְלִיפָּה (נ)
musco (m)	taχav	טַחַב (ז)

sradicare (vt)	la'akor	לַעֲקוֹר
abbattere (~ un albero)	liχrot	לִכְרוֹת
disboscare (vt)	levare	לְבָרֵא
ceppo (m)	'gedem	גֶּדֶם (ז)

falò (m)	medura	מְדוּרָה (נ)
incendio (m) boschivo	srefa	שְׂרֵיפָה (נ)
spegnere (vt)	leχabot	לְכַבּוֹת

guardia (f) forestale	fomer 'ya'ar	שׁוֹמֵר יַעַר (ז)
protezione (f)	fmira	שְׁמִירָה (נ)
proteggere (~ la natura)	lifmor	לִשְׁמוֹר
bracconiere (m)	tsayad lelo refut	צַיָּד לְלֹא רְשׁוּת (ז)
tagliola (f) (~ per orsi)	mal'kodet	מַלְכּוֹדֶת (נ)

| raccogliere (vt) | lelaket | לְלַקֵּט |
| perdersi (vr) | lit'ot | לִתְעוֹת |

84. Risorse naturali

risorse (f pl) naturali	otsarot 'teva	אוֹצָרוֹת טֶבַע (ז"ר)
minerali (m pl)	mine'ralim	מִינֶרָלִים (ז"ר)
deposito (m) (~ di carbone)	mirbats	מִרְבָּץ (ז)
giacimento (m) (~ petrolifero)	mirbats	מִרְבָּץ (ז)

estrarre (vt)	liχrot	לִכְרוֹת
estrazione (f)	kriya	כְּרִיָּה (נ)
minerale (m) grezzo	afra	עַפְרָה (נ)
miniera (f)	miχre	מִכְרֶה (ז)
pozzo (m) di miniera	pir	פִּיר (ז)
minatore (m)	kore	כּוֹרֶה (ז)

| gas (m) | gaz | גָּז (ז) |
| gasdotto (m) | tsinor gaz | צִינּוֹר גָּז (ז) |

petrolio (m)	neft	נֵפְט (ז)
oleodotto (m)	tsinor neft	צִינּוֹר נֵפְט (ז)
torre (f) di estrazione	be'er neft	בְּאֵר נֵפְט (נ)

torre (f) di trivellazione	migdal ki'duaχ	מִגְדַל קִידוּחַ (ז)
petroliera (f)	meχalit	מֵיכָלִית (נ)
sabbia (f)	χol	חוֹל (ז)
calcare (m)	'even gir	אֶבֶן גִיר (נ)
ghiaia (f)	χatsats	חָצָץ (ז)
torba (f)	kavul	כָּבוּל (ז)
argilla (f)	tit	טִיט (ז)
carbone (m)	peχam	פֶּחָם (ז)
ferro (m)	barzel	בַּרְזֶל (ז)
oro (m)	zahav	זָהָב (ז)
argento (m)	'kesef	כֶּסֶף (ז)
nichel (m)	'nikel	נִיקֶל (ז)
rame (m)	ne'χoʃet	נְחוֹשֶׁת (נ)
zinco (m)	avats	אָבָץ (ז)
manganese (m)	mangan	מַנְגָּן (ז)
mercurio (m)	kaspit	כָּסְפִּית (נ)
piombo (m)	o'feret	עוֹפָרֶת (נ)
minerale (m)	mineral	מִינְרָל (ז)
cristallo (m)	gaviʃ	גָבִישׁ (ז)
marmo (m)	'ʃayiʃ	שַׁיִשׁ (ז)
uranio (m)	u'ranyum	אוּרָנְיוּם (ז)

85. Tempo

tempo (m)	'mezeg avir	מֶזֶג אֲוִויר (ז)
previsione (f) del tempo	taχazit 'mezeg ha'avir	תַחֲזִית מֶזֶג הָאֲוִויר (נ)
temperatura (f)	tempera'tura	טֶמְפֶּרָטוּרָה (נ)
termometro (m)	madχom	מַדְחוֹם (ז)
barometro (m)	ba'rometer	בָּרוֹמֶטֶר (ז)
umido (agg)	laχ	לַח
umidità (f)	laχut	לַחוּת (נ)
caldo (m), afa (f)	χom	חוֹם (ז)
molto caldo (agg)	χam	חַם
fa molto caldo	χam	חַם
fa caldo	χamim	חָמִים
caldo, mite (agg)	χamim	חָמִים
fa freddo	kar	קַר
freddo (agg)	kar	קַר
sole (m)	'ʃemeʃ	שֶׁמֶשׁ (נ)
splendere (vi)	lizhor	לִזְהוֹר
di sole (una giornata ~)	ʃimʃi	שִׁמְשִׁי
sorgere, levarsi (vr)	liz'roaχ	לִזְרוֹחַ
tramontare (vi)	liʃ'ko'a	לִשְׁקוֹעַ
nuvola (f)	anan	עָנָן (ז)
nuvoloso (agg)	me'unan	מְעוּנָן

nube (f) di pioggia	av	עָב (ז)
nuvoloso (agg)	sagriri	סַגְרִירִי
pioggia (f)	'geʃem	גֶּשֶׁם (ז)
piove	yored 'geʃem	יוֹרֵד גֶּשֶׁם
piovoso (agg)	gaʃum	גָּשׁוּם
piovigginare (vi)	letaftef	לְטַפְטֵף
pioggia (f) torrenziale	matar	מָטָר (ז)
acquazzone (m)	mabul	מַבּוּל (ז)
forte (una ~ pioggia)	χazak	חָזָק
pozzanghera (f)	ʃlulit	שְׁלוּלִית (נ)
bagnarsi (~ sotto la pioggia)	lehitratev	לְהִתְרַטֵּב
foschia (f), nebbia (f)	arapel	עֲרָפֶל (ז)
nebbioso (agg)	me'urpal	מְעוּרְפָּל
neve (f)	'ʃeleg	שֶׁלֶג (ז)
nevica	yored 'ʃeleg	יוֹרֵד שֶׁלֶג

86. Rigide condizioni metereologiche. Disastri naturali

temporale (m)	sufat re'amim	סוּפַת רְעָמִים (נ)
fulmine (f)	barak	בָּרָק (ז)
lampeggiare (vi)	livhok	לִבְהוֹק
tuono (m)	'ra'am	רַעַם (ז)
tuonare (vi)	lir'om	לִרְעוֹם
tuona	lir'om	לִרְעוֹם
grandine (f)	barad	בָּרָד (ז)
grandina	yored barad	יוֹרֵד בָּרָד
inondare (vt)	lehatsif	לְהָצִיף
inondazione (f)	ʃitafon	שִׁיטָפוֹן (ז)
terremoto (m)	re'idat adama	רְעִידַת אֲדָמָה (נ)
scossa (f)	re'ida	רְעִידָה (נ)
epicentro (m)	moked	מוֹקֵד (ז)
eruzione (f)	hitpartsut	הִתְפָּרְצוּת (נ)
lava (f)	'lava	לָאבָה (נ)
tromba (f) d'aria	hurikan	הוֹרִיקָן (ז)
tornado (m)	tor'nado	טוֹרְנָדוֹ (ז)
tifone (m)	taifun	טַייפוּן (ז)
uragano (m)	hurikan	הוֹרִיקָן (ז)
tempesta (f)	sufa	סוּפָה (נ)
tsunami (m)	tsu'nami	צוּנָאמִי (ז)
ciclone (m)	tsiklon	צִיקְלוֹן (ז)
maltempo (m)	sagrir	סַגְרִיר (ז)
incendio (m)	srefa	שְׂרֵיפָה (נ)
disastro (m)	ason	אָסוֹן (ז)

meteorite (m)	mete'orit	מֶטֶאוֹרִיט (ז)
valanga (f)	ma'polet ʃlagim	מַפּוֹלֶת שְׁלָגִים (נ)
slavina (f)	ma'polet ʃlagim	מַפּוֹלֶת שְׁלָגִים (נ)
tempesta (f) di neve	sufat ʃlagim	סוּפַת שְׁלָגִים (נ)
bufera (f) di neve	sufat ʃlagim	סוּפַת שְׁלָגִים (נ)

FAUNA

87. Mammiferi. Predatori

predatore (m)	χayat 'teref	חַיַּת טֶרֶף (נ)
tigre (f)	'tigris	טִיגְרִיס (ז)
leone (m)	arye	אַרְיֵה (ז)
lupo (m)	ze'ev	זְאֵב (ז)
volpe (m)	ʃu'al	שׁוּעָל (ז)
giaguaro (m)	yagu'ar	יָגוּאָר (ז)
leopardo (m)	namer	נָמֵר (ז)
ghepardo (m)	bardelas	בַּרְדְּלָס (ז)
pantera (f)	panter	פַּנְתֵּר (ז)
puma (f)	'puma	פּוּמָה (נ)
leopardo (m) delle nevi	namer 'ʃeleg	נָמֵר שֶׁלֶג (ז)
lince (f)	ʃunar	שׁוּנָר (ז)
coyote (m)	ze'ev ha'aravot	זְאֵב הָעֲרָבוֹת (ז)
sciacallo (m)	tan	תַּן (ז)
iena (f)	tsa'vo'a	צָבוֹעַ (ז)

88. Animali selvatici

animale (m)	'ba'al χayim	בַּעַל חַיִּים (ז)
bestia (f)	χaya	חַיָּה (נ)
scoiattolo (m)	sna'i	סְנָאִי (ז)
riccio (m)	kipod	קִיפּוֹד (ז)
lepre (f)	arnav	אַרְנָב (ז)
coniglio (m)	ʃafan	שָׁפָן (ז)
tasso (m)	girit	גִּירִית (נ)
procione (f)	dvivon	דְּבִיבוֹן (ז)
criceto (m)	oger	אוֹגֵר (ז)
marmotta (f)	mar'mita	מַרְמִיטָה (נ)
talpa (f)	χafar'peret	חֲפַרְפֶּרֶת (נ)
topo (m)	aχbar	עַכְבָּר (ז)
ratto (m)	χulda	חוּלְדָה (נ)
pipistrello (m)	atalef	עֲטַלֵּף (ז)
ermellino (m)	hermin	הֶרְמִין (ז)
zibellino (m)	tsobel	צוֹבֶּל (ז)
martora (f)	dalak	דָּלָק (ז)
donnola (f)	χamus	חָמוּס (ז)
visone (m)	χorfan	חוֹרְפָּן (ז)

castoro (m)	bone	בּוֹנֶה (ז)
lontra (f)	lutra	לוּטְרָה (נ)

cavallo (m)	sus	סוּס (ז)
alce (m)	ayal hakore	אַיָּל הַקּוֹרֵא (ז)
cervo (m)	ayal	אַיָּל (ז)
cammello (m)	gamal	גָּמָל (ז)

bisonte (m) americano	bizon	בִּיזוֹן (ז)
bisonte (m) europeo	bizon ei'ropi	בִּיזוֹן אֵירוֹפִי (ז)
bufalo (m)	te'o	תְּאוֹ (ז)

zebra (f)	'zebra	זֶבְּרָה (נ)
antilope (f)	anti'lopa	אַנְטִילוֹפָּה (ז)
capriolo (m)	ayal hakarmel	אַיָּל הַכַּרְמֶל (ז)
daino (m)	yaχmur	יַחְמוּר (ז)
camoscio (m)	ya'el	יָעֵל (ז)
cinghiale (m)	χazir bar	חֲזִיר בָּר (ז)

balena (f)	livyatan	לִוְיָתָן (ז)
foca (f)	'kelev yam	כֶּלֶב יָם (ז)
tricheco (m)	sus yam	סוּס יָם (ז)
otaria (f)	dov yam	דֹּב יָם (ז)
delfino (m)	dolfin	דּוֹלְפִין (ז)

orso (m)	dov	דֹּב (ז)
orso (m) bianco	dov 'kotev	דֹּב קוֹטֶב (ז)
panda (m)	'panda	פַּנְדָּה (נ)

scimmia (f)	kof	קוֹף (ז)
scimpanzè (m)	ʃimpanze	שִׁימְפַּנְזָה (נ)
orango (m)	orang utan	אוֹרַנְג-אוּטָן (ז)
gorilla (m)	go'rila	גּוֹרִילָה (נ)
macaco (m)	makak	מָקָק (ז)
gibbone (m)	gibon	גִּיבּוֹן (ז)

elefante (m)	pil	פִּיל (ז)
rinoceronte (m)	karnaf	קַרְנַף (ז)
giraffa (f)	dʒi'rafa	ג׳ירָפָה (נ)
ippopotamo (m)	hipopotam	הִיפּוֹפּוֹטָם (ז)

canguro (m)	'kenguru	קֶנְגּוּרוּ (ז)
koala (m)	ko''ala	קוֹאָלָה (ז)

mangusta (f)	nemiya	נְמִיָּיה (נ)
cincillà (f)	tʃin'tʃila	צ׳ינְצ׳ייְלָה (נ)
moffetta (f)	bo'eʃ	בּוֹאֵשׁ (ז)
istrice (m)	darban	דַּרְבָּן (ז)

89. Animali domestici

gatta (f)	χatula	חֲתוּלָה (נ)
gatto (m)	χatul	חָתוּל (ז)
cane (m)	'kelev	כֶּלֶב (ז)

cavallo (m)	sus	סוּס (ז)
stallone (m)	sus harba'a	סוּס הַרְבָּעָה (ז)
giumenta (f)	susa	סוּסָה (נ)

mucca (f)	para	פָּרָה (נ)
toro (m)	ʃor	שׁוֹר (ז)
bue (m)	ʃor	שׁוֹר (ז)

pecora (f)	kivsa	כִּבְשָׂה (נ)
montone (m)	'ayil	אַיִל (ז)
capra (f)	ez	עֵז (נ)
caprone (m)	'tayiʃ	תַּיִשׁ (ז)

| asino (m) | χamor | חֲמוֹר (ז) |
| mulo (m) | 'pered | פֶּרֶד (ז) |

porco (m)	χazir	חֲזִיר (ז)
porcellino (m)	χazarzir	חֲזַרְזִיר (ז)
coniglio (m)	arnav	אַרְנָב (ז)

| gallina (f) | tarne'golet | תַּרְנְגוֹלֶת (נ) |
| gallo (m) | tarnegol | תַּרְנְגוֹל (ז) |

anatra (f)	barvaz	בַּרְוָז (ז)
maschio (m) dell'anatra	barvaz	בַּרְוָז (ז)
oca (f)	avaz	אַוָּז (ז)

| tacchino (m) | tarnegol 'hodu | תַּרְנְגוֹל הוֹדוּ (ז) |
| tacchina (f) | tarne'golet 'hodu | תַּרְנְגוֹלֶת הוֹדוּ (נ) |

animali (m pl) domestici	χayot 'bayit	חַיּוֹת בַּיִת (נ"ר)
addomesticato (agg)	mevuyat	מְבוּיָת
addomesticare (vt)	levayet	לְבַיֵּת
allevare (vt)	lehar'bi'a	לְהַרְבִּיעַ

fattoria (f)	χava	חַוָּה (נ)
pollame (m)	ofot 'bayit	עוֹפוֹת בַּיִת (נ"ר)
bestiame (m)	bakar	בָּקָר (ז)
branco (m), mandria (f)	'eder	עֵדֶר (ז)

scuderia (f)	urva	אוּרְוָה (נ)
porcile (m)	dir χazirim	דִּיר חֲזִירִים (ז)
stalla (f)	'refet	רֶפֶת (נ)
conigliera (f)	arnaviya	אַרְנָבִיָּה (נ)
pollaio (m)	lul	לוּל (ז)

90. Uccelli

uccello (m)	tsipor	צִיפּוֹר (נ)
colombo (m), piccione (m)	yona	יוֹנָה (נ)
passero (m)	dror	דְּרוֹר (ז)
cincia (f)	yargazi	יַרְגָּזִי (ז)
gazza (f)	orev neχalim	עוֹרֵב נְחָלִים (ז)
corvo (m)	orev ʃaχor	עוֹרֵב שָׁחוֹר (ז)

cornacchia (f)	orev afor	עוֹרֵב אָפוֹר (ז)
taccola (f)	ka'ak	קָאָק (ז)
corvo (m) nero	orev hamizra	עוֹרֵב הַמִּזְרָע (ז)
anatra (f)	barvaz	בַּרְוָז (ז)
oca (f)	avaz	אֲוָז (ז)
fagiano (m)	pasyon	פַּסְיוֹן (ז)
aquila (f)	'ayit	עַיִט (ז)
astore (m)	nets	נֵץ (ז)
falco (m)	baz	בַּז (ז)
grifone (m)	ozniya	עוֹזְנִיָּה (ז)
condor (m)	kondor	קוֹנְדּוֹר (ז)
cigno (m)	barbur	בַּרְבּוּר (ז)
gru (f)	agur	עָגוּר (ז)
cicogna (f)	χasida	חֲסִידָה (נ)
pappagallo (m)	'tuki	תּוֹכִּי (ז)
colibrì (m)	ko'libri	קוֹלִיבְרִי (ז)
pavone (m)	tavas	טַוָּס (ז)
struzzo (m)	bat ya‘ana	בַּת יַעֲנָה (נ)
airone (m)	anafa	אֲנָפָה (נ)
fenicottero (m)	fla'mingo	פְלָמִינְגּוֹ (ז)
pellicano (m)	saknai	שַׂקְנַאי (ז)
usignolo (m)	zamir	זָמִיר (ז)
rondine (f)	snunit	סְנוּנִית (נ)
tordo (m)	kiχli	קִיכְלִי (ז)
tordo (m) sasello	kiχli mezamer	קִיכְלִי מְזַמֵּר (ז)
merlo (m)	kiχli ʃaχor	קִיכְלִי שָׁחוֹר (ז)
rondone (m)	sis	סִיס (ז)
allodola (f)	efroni	עֶפְרוֹנִי (ז)
quaglia (f)	slav	שְׂלָיו (ז)
picchio (m)	'neker	נַקָּר (ז)
cuculo (m)	kukiya	קוּקִיָּה (נ)
civetta (f)	yanʃuf	יַנְשׁוּף (ז)
gufo (m) reale	'oaχ	אֹחַ (ז)
urogallo (m)	seχvi 'ya‘ar	שְׂכְוִי יַעַר (ז)
fagiano (m) di monte	seχvi	שְׂכְוִי (ז)
pernice (f)	χogla	חוֹגְלָה (נ)
storno (m)	zarzir	זַרְזִיר (ז)
canarino (m)	ka'narit	קָנָרִית (נ)
francolino (m) di monte	seχvi haya‘arot	שְׂכְוִי הַיְּעָרוֹת (ז)
fringuello (m)	paroʃ	פָרוֹשׁ (ז)
ciuffolotto (m)	admonit	אַדְמוֹנִית (נ)
gabbiano (m)	'ʃaχaf	שַׁחַף (ז)
albatro (m)	albatros	אַלְבַּטְרוֹס (ז)
pinguino (m)	pingvin	פִינְגְּוֹוִין (ז)

91. Pesci. Animali marini

abramide (f)	avroma	אַברוֹמָה (נ)
carpa (f)	karpiyon	קַרפִּיוֹן (ז)
perca (f)	'okunus	אוֹקוּנוּס (ז)
pesce (m) gatto	sfamnun	שׂפַמנוּן (ז)
luccio (m)	ze'ev 'mayim	זְאֵב מַיִם (ז)
salmone (m)	'salmon	סַלמוֹן (ז)
storione (m)	χidkan	חִדקָן (ז)
aringa (f)	ma'liaχ	מָלִיחַ (ז)
salmone (m)	iltit	אִילתִית (נ)
scombro (m)	makarel	מַקָרֵל (ז)
sogliola (f)	dag moʃe ra'benu	דַג מֹשֶה רַבֵּנוּ (ז)
lucioperca (f)	amnun	אַמנוּן (ז)
merluzzo (m)	ʃibut	שִיבּוּט (ז)
tonno (m)	'tuna	טוּנָה (נ)
trota (f)	forel	פוֹרֶל (ז)
anguilla (f)	tslofaχ	צלוֹפָח (ז)
torpedine (f)	trisanit	תרִיסָנִית (נ)
murena (f)	mo'rena	מוֹרֶנָה (נ)
piranha (f)	pi'ranya	פִּירַניָה (נ)
squalo (m)	kariʃ	כָּרִיש (ז)
delfino (m)	dolfin	דוֹלפִין (ז)
balena (f)	livyatan	לוִויָתָן (ז)
granchio (m)	sartan	סַרטָן (ז)
medusa (f)	me'duza	מֶדוּזָה (נ)
polpo (m)	tamnun	תַמנוּן (ז)
stella (f) marina	koχav yam	כּוֹכַב יָם (ז)
riccio (m) di mare	kipod yam	קִיפּוֹד יָם (ז)
cavalluccio (m) marino	suson yam	סוּסוֹן יָם (ז)
ostrica (f)	tsidpa	צִדפָּה (נ)
gamberetto (m)	χasilon	חָסִילוֹן (ז)
astice (m)	'lobster	לוֹבּסטֶר (ז)
aragosta (f)	'lobster kotsani	לוֹבּסטֶר קוֹצָנִי (ז)

92. Anfibi. Rettili

serpente (m)	naχaʃ	נָחָש (ז)
velenoso (agg)	arsi	אַרסִי
vipera (f)	'tsefa	צֶפַע (ז)
cobra (m)	'peten	פֶּתֶן (ז)
pitone (m)	piton	פִּיתוֹן (ז)
boa (m)	χanak	חַנָק (ז)
biscia (f)	naχaʃ 'mayim	נָחָש מַיִם (ז)

serpente (m) a sonagli	ʃfifon	שְׁפִיפוֹן (ז)
anaconda (f)	ana'konda	אֲנָקוֹנְדָּה (נ)

lucertola (f)	leta'a	לְטָאָה (נ)
iguana (f)	igu''ana	אִיגוּאָנָה (נ)
varano (m)	'koaχ	כּוֹחַ (ז)
salamandra (f)	sala'mandra	סָלָמַנְדְּרָה (נ)
camaleonte (m)	zikit	זִיקִית (נ)
scorpione (m)	akrav	עַקְרָב (ז)

tartaruga (f)	tsav	צָב (ז)
rana (f)	tsfar'de'a	צְפַרְדֵּעַ (נ)
rospo (m)	karpada	קַרְפָּדָה (נ)
coccodrillo (m)	tanin	תַּנִּין (ז)

93. Insetti

insetto (m)	χarak	חָרָק (ז)
farfalla (f)	parpar	פַּרְפַּר (ז)
formica (f)	nemala	נְמָלָה (נ)
mosca (f)	zvuv	זְבוּב (ז)
zanzara (f)	yatuʃ	יַתּוּשׁ (ז)
scarabeo (m)	χipuʃit	חִיפּוּשִׁית (נ)

vespa (f)	tsir'a	צִרְעָה (נ)
ape (f)	dvora	דְּבוֹרָה (נ)
bombo (m)	dabur	דַּבּוּר (ז)
tafano (m)	zvuv hasus	זְבוּב הַסּוּס (ז)

ragno (m)	akaviʃ	עַכָּבִישׁ (ז)
ragnatela (f)	kurei akaviʃ	קוּרֵי עַכָּבִישׁ (ז"ר)

libellula (f)	ʃapirit	שְׁפִירִית (נ)
cavalletta (f)	χagav	חָגָב (ז)
farfalla (f) notturna	aʃ	עָשׁ (ז)

scarafaggio (m)	makak	מַקָּק (ז)
zecca (f)	kartsiya	קַרְצִיָּה (נ)
pulce (f)	par'oʃ	פַּרְעוֹשׁ (ז)
moscerino (m)	yavχuʃ	יַבְחוּשׁ (ז)

locusta (f)	arbe	אַרְבֶּה (ז)
lumaca (f)	χilazon	חִילָזוֹן (ז)
grillo (m)	tsartsar	צְרָצַר (ז)
lucciola (f)	gaχlilit	גַּחְלִילִית (נ)
coccinella (f)	parat moʃe ra'benu	פָּרַת מֹשֶׁה רַבֵּנוּ (נ)
maggiolino (m)	χipuʃit aviv	חִיפּוּשִׁית אָבִיב (נ)

sanguisuga (f)	aluka	עֲלוּקָה (נ)
bruco (m)	zaχal	זַחַל (ז)
verme (m)	to'la'at	תּוֹלַעַת (נ)
larva (f)	'deren	דֶּרֶן (ז)

FLORA

94. Alberi

albero (m)	ets	עֵץ (ז)
deciduo (agg)	naʃir	נָשִׁיר
conifero (agg)	maxtani	מַחְטָנִי
sempreverde (agg)	yarok ad	יָרֹק עַד

melo (m)	ta'puax	תַּפּוּחַ (ז)
pero (m)	agas	אַגָּס (ז)
ciliegio (m)	gudgedan	גּוּדְגְּדָן (ז)
amareno (m)	duvdevan	דּוּבְדְּבָן (ז)
prugno (m)	ʃezif	שְׁזִיף (ז)

betulla (f)	ʃadar	שָׁדָר (ז)
quercia (f)	alon	אַלּוֹן (ז)
tiglio (m)	'tilya	טִילְיָה (נ)
pioppo (m) tremolo	aspa	אַסְפָּה (נ)
acero (m)	'eder	אֶדֶר (ז)
abete (m)	a'ʃuax	אַשּׁוּחַ (ז)
pino (m)	'oren	אֹרֶן (ז)
larice (m)	arzit	אַרְזִית (נ)
abete (m) bianco	a'ʃuax	אַשּׁוּחַ (ז)
cedro (m)	'erez	אֶרֶז (ז)

pioppo (m)	tsaftsefa	צַפְצָפָה (נ)
sorbo (m)	ben xuzrar	בֶּן־חֻזְרָר (ז)
salice (m)	arava	עֲרָבָה (נ)
alno (m)	alnus	אַלְנוּס (ז)
faggio (m)	aʃur	אַשּׁוּר (ז)
olmo (m)	bu'kitsa	בּוּקִיצָה (נ)
frassino (m)	mela	מֵילָה (נ)
castagno (m)	armon	עַרְמוֹן (ז)

magnolia (f)	mag'nolya	מַגְנוֹלְיָה (נ)
palma (f)	'dekel	דֶּקֶל (ז)
cipresso (m)	broʃ	בְּרוֹשׁ (ז)

mangrovia (f)	mangrov	מַנְגְּרוֹב (ז)
baobab (m)	ba'obab	בָּאוֹבָּב (ז)
eucalipto (m)	eika'liptus	אֵיקָלִיפְטוּס (ז)
sequoia (f)	sek'voya	סֶקְווֹיָה (נ)

95. Arbusti

cespuglio (m)	'siax	שִׂיחַ (ז)
arbusto (m)	'siax	שִׂיחַ (ז)

Italiano	Traslitterazione	עברית
vite (f)	'gefen	גֶּפֶן (ז)
vigneto (m)	'kerem	כֶּרֶם (ז)
lampone (m)	'petel	פֶּטֶל (ז)
ribes (m) nero	'siaχ dumdemaniyot ʃχorot	שִׂיחַ דּוּמְדְּמָנִיּוֹת שְׁחוֹרוֹת (ז)
ribes (m) rosso	'siaχ dumdemaniyot adumot	שִׂיחַ דּוּמְדְּמָנִיּוֹת אֲדוּמוֹת (ז)
uva (f) spina	χazarzar	חֲזַרְזַר (ז)
acacia (f)	ʃita	שִׁיטָה (נ)
crespino (m)	berberis	בַּרְבָּרִיס (ז)
gelsomino (m)	yasmin	יַסְמִין (ז)
ginepro (m)	ar'ar	עַרְעָר (ז)
roseto (m)	'siaχ vradim	שִׂיחַ וְרָדִים (ז)
rosa (f) canina	'vered bar	וֶרֶד בָּר (ז)

96. Frutti. Bacche

Italiano	Traslitterazione	עברית
frutto (m)	pri	פְּרִי (ז)
frutti (m pl)	perot	פֵּירוֹת (ז"ר)
mela (f)	ta'puaχ	תַּפּוּחַ (ז)
pera (f)	agas	אַגָּס (ז)
prugna (f)	ʃezif	שְׁזִיף (ז)
fragola (f)	tut sade	תּוּת שָׂדֶה (ז)
amarena (f)	duvdevan	דּוּבְדְּבָן (ז)
ciliegia (f)	gudgedan	גּוּדְגְּדָן (ז)
uva (f)	anavim	עֲנָבִים (ז"ר)
lampone (m)	'petel	פֶּטֶל (ז)
ribes (m) nero	dumdemanit ʃχora	דּוּמְדְּמָנִית שְׁחוֹרָה (נ)
ribes (m) rosso	dumdemanit aduma	דּוּמְדְּמָנִית אֲדוּמָה (נ)
uva (f) spina	χazarzar	חֲזַרְזַר (ז)
mirtillo (m) di palude	χamutsit	חֲמוּצִית (נ)
arancia (f)	tapuz	תַּפּוּז (ז)
mandarino (m)	klemen'tina	קְלֶמֶנְטִינָה (נ)
ananas (m)	'ananas	אֲנָנָס (ז)
banana (f)	ba'nana	בַּנָנָה (נ)
dattero (m)	tamar	תָּמָר (ז)
limone (m)	limon	לִימוֹן (ז)
albicocca (f)	'miʃmeʃ	מִשְׁמֵשׁ (ז)
pesca (f)	afarsek	אֲפַרְסֵק (ז)
kiwi (m)	'kivi	קִיוִוי (ז)
pompelmo (m)	eʃkolit	אֶשְׁכּוֹלִית (נ)
bacca (f)	garger	גַּרְגַּר (ז)
bacche (f pl)	gargerim	גַּרְגְּרִים (ז"ר)
mirtillo (m) rosso	uχmanit aduma	אוּכְמָנִית אֲדוּמָה (נ)
fragola (f) di bosco	tut 'ya'ar	תּוּת יַעַר (ז)
mirtillo (m)	uχmanit	אוּכְמָנִית (נ)

97. Fiori. Piante

fiore (m)	'perax	פֶּרַח (ז)
mazzo (m) di fiori	zer	זֵר (ז)
rosa (f)	'vered	וֶרֶד (ז)
tulipano (m)	tsiv'oni	צִבְעוֹנִי (ז)
garofano (m)	tsi'poren	צִיפּוֹרֶן (ז)
gladiolo (m)	glad'yola	גְלָדִיוֹלָה (נ)
fiordaliso (m)	dganit	דְגָנִיָה (נ)
campanella (f)	pa'amonit	פַּעֲמוֹנִית (נ)
soffione (m)	ʃinan	שִינָן (ז)
camomilla (f)	kamomil	קָמוֹמִיל (ז)
aloe (m)	alvai	אַלְוַוי (ז)
cactus (m)	'kaktus	קַקְטוּס (ז)
ficus (m)	'fikus	פִּיקוּס (ז)
giglio (m)	ʃoʃana	שׁוֹשַׁנָה (נ)
geranio (m)	ge'ranyum	גֶרַנְיוֹם (ז)
giacinto (m)	yakinton	יָקִינְטוֹן (ז)
mimosa (f)	mi'moza	מִימוֹזָה (נ)
narciso (m)	narkis	נַרְקִיס (ז)
nasturzio (m)	'kova hanazir	כּוֹבַע הַנָזִיר (ז)
orchidea (f)	saxlav	סַחְלָב (ז)
peonia (f)	admonit	אַדְמוֹנִית (נ)
viola (f)	sigalit	סִיגָלִית (נ)
viola (f) del pensiero	amnon vetamar	אַמְנוֹן וְתָמָר (ז)
nontiscordardimé (m)	zix'rini	זְכְרִינִי (ז)
margherita (f)	marganit	מַרְגָנִית (נ)
papavero (m)	'pereg	פֶּרֶג (ז)
canapa (f)	ka'nabis	קָנַאבִּיס (ז)
menta (f)	'menta	מֶנְתָה (נ)
mughetto (m)	zivanit	זִיוָונִית (נ)
bucaneve (m)	ga'lantus	גָלָנְטוּס (ז)
ortica (f)	sirpad	סִרְפָּד (ז)
acetosa (f)	xum'a	חוּמְעָה (נ)
ninfea (f)	nufar	נוּפָר (ז)
felce (f)	ʃarax	שָׁרָךְ (ז)
lichene (m)	xazazit	חֲזָזִית (נ)
serra (f)	xamama	חֲמָמָה (נ)
prato (m) erboso	midʃa'a	מִדְשָׁאָה (נ)
aiuola (f)	arugat praxim	עֲרוּגַת פְּרָחִים (נ)
pianta (f)	'tsemax	צֶמַח (ז)
erba (f)	'deʃe	דֶּשֶׁא (ז)
filo (m) d'erba	giv'ol 'esev	גִּבְעוֹל עֵשֶׂב (ז)

foglia (f)	ale	עָלֶה (ז)
petalo (m)	ale ko'teret	עָלֶה כּוֹתֶרֶת (ז)
stelo (m)	giv'ol	גִּבְעוֹל (ז)
tubero (m)	'pka'at	פְּקַעַת (נ)

| germoglio (m) | 'nevet | נֶבֶט (ז) |
| spina (f) | kots | קוֹץ (ז) |

fiorire (vi)	lif'roaχ	לִפְרוֹחַ
appassire (vi)	linbol	לִנְבּוֹל
odore (m), profumo (m)	'reaχ	רֵיחַ (ז)
tagliare (~ i fiori)	ligzom	לִגְזוֹם
cogliere (vt)	liktof	לִקְטוֹף

98. Cereali, granaglie

grano (m)	tvu'a	תְּבוּאָה (נ)
cereali (m pl)	dganim	דְּגָנִים (ז"ר)
spiga (f)	ʃi'bolet	שִׁיבּוֹלֶת (נ)

frumento (m)	χita	חִיטָה (נ)
segale (f)	ʃifon	שִׁיפוֹן (ז)
avena (f)	ʃi'bolet ʃu'al	שִׁיבּוֹלֶת שׁוּעָל (נ)
miglio (m)	'doχan	דּוֹחַן (ז)
orzo (m)	se'ora	שְׂעוֹרָה (נ)

mais (m)	'tiras	תִּירָס (ז)
riso (m)	'orez	אוֹרֶז (ז)
grano (m) saraceno	ku'semet	כּוּסֶּמֶת (נ)

pisello (m)	afuna	אֲפוּנָה (נ)
fagiolo (m)	ʃu'it	שְׁעוּעִית (נ)
soia (f)	'soya	סוֹיָה (נ)
lenticchie (f pl)	adaʃim	עֲדָשִׁים (נ"ר)
fave (f pl)	pol	פּוֹל (ז)

PAESI

99. Paesi. Parte 1

Afghanistan (m)	afganistan	אַפְגָּנִיסְטָן (ז)
Albania (f)	al'banya	אַלְבַּנְיָה (נ)
Arabia Saudita (f)	arav hasa'udit	עֲרָב הַסָּעוּדִית (נ)
Argentina (f)	argen'tina	אַרְגֶּנְטִינָה (נ)
Armenia (f)	ar'menya	אַרְמֶנְיָה (נ)
Australia (f)	ost'ralya	אוֹסְטְרַלְיָה (נ)
Austria (f)	'ostriya	אוֹסְטְרִיָה (נ)
Azerbaigian (m)	azerbaidʒan	אָזֶרְבַּייגָ'ן (נ)
Le Bahamas	iyey ba'hama	אִיֵי בָּהָאמָה (ז"ר)
Bangladesh (m)	bangladeʃ	בַּנגְלָדֶשׁ (נ)
Belgio (m)	'belgya	בֶּלְגִיָה (נ)
Bielorussia (f)	'belarus	בֶּלָרוּס (נ)
Birmania (f)	miyanmar	מְיַאנְמָר (נ)
Bolivia (f)	bo'livya	בּוֹלִיבִיָה (נ)
Bosnia-Erzegovina (f)	'bosniya	בּוֹסְנִיָה (נ)
Brasile (m)	brazil	בְּרָזִיל (נ)
Bulgaria (f)	bul'garya	בּוּלְגַרְיָה (נ)
Cambogia (f)	kam'bodya	קַמְבּוֹדְיָה (נ)
Canada (m)	'kanada	קַנָדָה (נ)
Cile (m)	'tʃile	צִ'ילֶה (נ)
Cina (f)	sin	סִין (נ)
Cipro (m)	kafrisin	קַפְרִיסִין (נ)
Colombia (f)	ko'lombya	קוֹלוֹמְבִּיָה (נ)
Corea (f) del Nord	ko'rei'a hatsfonit	קוֹרֵיאָה הַצְּפוֹנִית (נ)
Corea (f) del Sud	ko'rei'a hadromit	קוֹרֵיאָה הַדְּרוֹמִית (נ)
Croazia (f)	kro''atya	קרוֹאַטיָה (נ)
Cuba (f)	'kuba	קוּבָּה (נ)
Danimarca (f)	'denemark	דֶנֶמַרק (נ)
Ecuador (m)	ekvador	אָקְוַודוֹר (נ)
Egitto (m)	mits'rayim	מִצְרַיִם (נ)
Emirati (m pl) Arabi	iχud ha'emi'royot ha'araviyot	אִיחוּד הָאֱמִירוֹיוֹת הָעֲרָבִיוֹת (ז)
Estonia (f)	es'tonya	אֶסְטוֹנְיָה (נ)
Finlandia (f)	'finland	פִינְלַנד (נ)
Francia (f)	tsarfat	צָרְפַת (נ)

100. Paesi. Parte 2

Georgia (f)	'gruzya	גרוּזִיָה (נ)
Germania (f)	ger'manya	גֶּרְמַנְיָה (נ)
Ghana (m)	'gana	גָאנָה (נ)
Giamaica (f)	dʒa'maika	גָ'מַייקָה (נ)

Giappone (m)	yapan	יַפָן (נ)
Giordania (f)	yarden	יַרְדֵן (נ)
Gran Bretagna (f)	bri'tanya hagdola	בְּרִיטַנְיָה הַגְדוֹלָה (נ)
Grecia (f)	yavan	יָוָן (נ)

Haiti (m)	ha''iti	הָאִיטִי (נ)
India (f)	'hodu	הוֹדוּ (נ)
Indonesia (f)	indo'nezya	אִינְדוֹנֶזְיָה (נ)
Inghilterra (f)	'angliya	אַנְגְלִיָה (נ)
Iran (m)	iran	אִירָן (נ)
Iraq (m)	irak	עִירָאק (נ)
Irlanda (f)	'irland	אִירְלַנד (נ)
Islanda (f)	'island	אִיסְלַנד (נ)
Israele (m)	yisra'el	יִשְׂרָאֵל (נ)
Italia (f)	i'talya	אִיטַלְיָה (נ)

Kazakistan (m)	kazaχstan	קָזחסטָן (נ)
Kenya (m)	'kenya	קֶנִיָה (נ)
Kirghizistan (m)	kirgizstan	קִירְגִיזסטָן (נ)
Kuwait (m)	kuveit	כֻּוֵית (נ)

Laos (m)	la'os	לָאוֹס (נ)
Lettonia (f)	'latviya	לַטבְיָה (נ)
Libano (m)	levanon	לְבָנוֹן (נ)
Libia (f)	luv	לוב (נ)
Liechtenstein (m)	liχtenʃtain	לִיכְטֶנשטַיין (נ)
Lituania (f)	'lita	לִיטָא (נ)
Lussemburgo (m)	luksemburg	לוקסֶמבּוּרג (נ)

Macedonia (f)	make'donya	מָקֶדוֹנִיָה (נ)
Madagascar (m)	madagaskar	מָדָגַסקָר (ז)
Malesia (f)	ma'lezya	מָלֶזְיָה (נ)
Malta (f)	'malta	מַלטָה (נ)
Marocco (m)	ma'roko	מָרוֹקוֹ (נ)
Messico (m)	'meksiko	מֶקסִיקוֹ (נ)
Moldavia (f)	mol'davya	מוֹלדָבִיָה (נ)
Monaco (m)	mo'nako	מוֹנָקוֹ (נ)
Mongolia (f)	mon'golya	מוֹנגוֹלִיָה (נ)
Montenegro (m)	monte'negro	מוֹנטֶנֶגרוֹ (נ)

Namibia (f)	na'mibya	נָמִיבִיָה (נ)
Nepal (m)	nepal	נֶפָּאל (נ)
Norvegia (f)	nor'vegya	נוֹרבֶגְיָה (נ)
Nuova Zelanda (f)	nyu 'ziland	ניו זִילַנד (נ)

101. Paesi. Parte 3

Paesi Bassi (m pl)	'holand	הוֹלַנד (נ)
Pakistan (m)	pakistan	פָּקִיסטָן (נ)
Palestina (f)	falastin	פָּלֶסטִין (נ)
Panama (m)	pa'nama	פָּנָמָה (נ)
Paraguay (m)	paragvai	פָּרַגווַאי (נ)
Perù (m)	peru	פֶּרוּ (נ)
Polinesia (f) Francese	poli'nezya hatsarfatit	פּוֹלִינֶזְיָה הַצָרְפָתִית (נ)

Polonia (f)	polin	(נ) פּוֹלִין
Portogallo (f)	portugal	(נ) פּוֹרטוּגָל
Repubblica (f) Ceca	'tʃexya	(נ) צֶ'כְיָה
Repubblica (f) Dominicana	hare'publika hadomeni'kanit	(נ) הָרֶפּוּבּלִיקָה הַדוֹמֶינִינִיקָנִית
Repubblica (f) Sudafricana	drom 'afrika	(נ) דְרוֹם אַפְרִיקָה
Romania (f)	ro'manya	(נ) רוֹמַניָה
Russia (f)	'rusya	(נ) רוּסִיָה
Scozia (f)	'skotland	(נ) סְקוֹטלַנד
Senegal (m)	senegal	(נ) סֶנֶגָל
Serbia (f)	'serbya	(נ) סֶרבִּיָה
Siria (f)	'surya	(נ) סוּריָה
Slovacchia (f)	slo'vakya	(נ) סלוֹבָקְיָה
Slovenia (f)	slo'venya	(נ) סלוֹבֶניָה
Spagna (f)	sfarad	(נ) סְפָרַד
Stati (m pl) Uniti d'America	artsot habrit	(נ"ר) אַרצוֹת הַבְּרִית
Suriname (m)	surinam	(נ) סוּרִינָאם
Svezia (f)	'ʃvedya	(נ) שבֶדיָה
Svizzera (f)	'ʃvaits	(נ) שוַוייץ
Tagikistan (m)	tadʒikistan	(נ) טָגִ'יקִיסטָן
Tailandia (f)	'tailand	(נ) תַאילַנד
Taiwan (m)	taivan	(נ) טַייוָן
Tanzania (f)	tan'zanya	(נ) טַנזַניָה
Tasmania (f)	tas'manya	(נ) טַסמַניָה
Tunisia (f)	tu'nisya	(נ) טוּנִיסִיָה
Turchia (f)	'turkiya	(נ) טוּרקִיָה
Turkmenistan (m)	turkmenistan	(נ) טוּרקמֶנִיסטָן
Ucraina (f)	uk'rayna	(נ) אוּקרַאינָה
Ungheria (f)	hun'garya	(נ) הוּנגַריָה
Uruguay (m)	urugvai	(נ) אוּרוּגוַואי
Uzbekistan (m)	uzbekistan	(נ) אוּזבֶּקִיסטָן
Vaticano (m)	vatikan	(ז) וָתִיקָן
Venezuela (f)	venetsu"ela	(נ) וֶנֶצוּאֶלָה
Vietnam (m)	vyetnam	(נ) וִייטנָאם
Zanzibar	zanzibar	(נ) זַנזִיבָּר